中国司法改革实证研究丛书

致力于中国司法制度、刑事诉讼制度和纠纷解决的
实证研究作品

国家"九八五工程"四川大学社会矛盾与社会管理研究创新基地资助

中国司法改革实证研究丛书

左卫民/丛书主编

公安机关刑事案件审核制度实证研究

以侦查权力的控制为视角

THE EMPIRICAL RESEARCH ON THE CRIMINAL CASE MECHANISM OF THE PUBLIC SECURITY ORGANS

FROM THE PERSPECTIVE OF INVESTIGATIVE POWER CONTROL

唐雪莲 / 著

"中国司法改革实证研究丛书"序

2014年10月20日至23日召开的中共十八届四中全会,无疑将在当代中国法治建设的进程史上留下划时代的一笔。继党的十八届三中全会提出进一步深化司法体制改革的新措施后,党的十八届四中全会通过的中共中央《关于全面推进依法治国若干重大问题的决定》,又提出了关于司法改革的重大举措,这对中国司法建设与改革而言显然具有积极意义。

长期以来,笔者及笔者带领的学术团队包括所指导的博士研究生,一直致力于司法制度、刑事诉讼制度和纠纷解决的实证研究,力图真切地把握中国司法与诉讼制度的运行现状,深度剖析其利弊得失,抓住切实存在的重要问题,探究其成因,并在此基础上提出有针对性和可操作性的改革建言。通过不断地展开实证研究,我们取得了关于司法与诉讼制度若干方面的一些研究成果。考虑到当前司法改革的重要性,也考虑到实证研究的重要性,笔者将我们团队近期有关司法制度的研究成果收辑成册,以中国司法改革实证研究为主题,与北京大学出版社联系并系列出版。笔者的看法是,中国司法研究固然早成显学,但司法改革的正确推进尤其是长期有效推行,仍然有待于科学、细致及深入的实证研究。有鉴于此,笔者将自己及所带领团队关于司法的实证研究成果奉献给大家,希望抛砖引玉,引起更多学界同仁关注并展开司法实证研究,同时也为当下和未来的司法改革提供些许参考。

需要指出的是,对于法学研究者而言,实证研究乃是一门新兴的研究方法,无论是笔者抑或笔者所带领的团队成员,都有一个学习与掌握的过程。本系列作品中,有些实证研究方法运用得比较多,有的则比较少;有些运用得比较好,有些则有所欠缺,但鉴于这些作品大都或多或少地运用实证方法,比如使用数据展开分析等,因此笔者仍然以实证研究为主题收辑在一起。其中不当之处,敬请读者诸君批评。

左卫民

2014年12月3日于四川大学研究生院

目　录

第一章　导论 ……………………………………………… 001
 一、问题与意义 ………………………………………… 001
  （一）问题的提出 …………………………………… 001
  （二）研究的意义 …………………………………… 011
 二、研究方法与材料 …………………………………… 014
  （一）研究方法 ……………………………………… 014
  （二）研究材料 ……………………………………… 017
 三、本书结构与相关说明 ……………………………… 019
  （一）本书结构 ……………………………………… 019
  （二）相关说明 ……………………………………… 021

第二章　案件审核制度的发展演进 ……………………… 027
 一、预审部门的审核 …………………………………… 028
  （一）预审制度的发展演变 ………………………… 028
  （二）预审部门的审核职能 ………………………… 030
 二、法制部门的审核 …………………………………… 037
  （一）法制部门的发展演变 ………………………… 037
  （二）法制部门的审核职能 ………………………… 039
 三、简要的比较 ………………………………………… 045

（一）部门的职责定位 ………………………………… 045
　　（二）审核的价值取向定位 …………………………… 046
　　（三）审核的具体方式 ………………………………… 047
　　（四）审核的规范程度 ………………………………… 048

第三章　案件审核的程序
　一、受理环节 ……………………………………………… 050
　　（一）文本规定 ………………………………………… 050
　　（二）实践操作 ………………………………………… 053
　二、分配环节 ……………………………………………… 056
　　（一）实践中的分配模式 ……………………………… 056
　　（二）分配模式体现的分配原则 ……………………… 059
　三、审核环节 ……………………………………………… 060
　　（一）审核的层级 ……………………………………… 060
　　（二）法制部门审核的处理程序 ……………………… 066
　四、小结 …………………………………………………… 069

第四章　案件审核的内容和标准 ………………………… 072
　一、审核的内容 …………………………………………… 072
　　（一）文本规定 ………………………………………… 072
　　（二）实践操作 ………………………………………… 076
　二、审核的标准 …………………………………………… 084
　　（一）证据标准 ………………………………………… 084
　　（二）材料标准 ………………………………………… 087
　三、小结 …………………………………………………… 090

第五章　案件审核的方式 ………………………………… 094
　一、书面审核与非书面审核 ……………………………… 094
　　（一）书面审核 ………………………………………… 095
　　（二）非书面审核 ……………………………………… 107
　　（三）小结 ……………………………………………… 111

二、集体审核:对重大、复杂、疑难案件的审核方式……………… 113
　　　　(一)集体审核的两种模式…………………………………… 113
　　　　(二)集体审议的案件范围…………………………………… 115
　　　　(三)集体审议的过程………………………………………… 116
　　　　(四)小结……………………………………………………… 120

第六章　案件审核的责任机制…………………………………………… 123
　　一、错案责任追究制……………………………………………… 124
　　　　(一)对审核主体的责任追究………………………………… 125
　　　　(二)对办案人员的责任追究………………………………… 130
　　二、目标考评制…………………………………………………… 131
　　　　(一)对审核主体的目标考核………………………………… 133
　　　　(二)对办案人员的目标考核………………………………… 135
　　三、小结…………………………………………………………… 140

第七章　案件审核的效果评价…………………………………………… 144
　　一、总体评价……………………………………………………… 144
　　　　(一)权力控制的向度………………………………………… 145
　　　　(二)权力控制的限度………………………………………… 149
　　二、原因探析……………………………………………………… 151
　　　　(一)控权功能发挥之原因…………………………………… 151
　　　　(二)控制功能发挥不足之原因……………………………… 165

第八章　结论……………………………………………………………… 172
　　一、推进侦查法治化的另一种途径……………………………… 172
　　二、完善措施……………………………………………………… 188
　　　　(一)统一案件审核制度……………………………………… 189
　　　　(二)扩大案件审核范围……………………………………… 190
　　　　(三)强化法制部门的核心审核权…………………………… 191
　　　　(四)改革完善审核程序、审核方式和审核责任…………… 194

参考文献…………………………………………………………………… 197

第一章 导论

一、问题与意义

(一) 问题的提出

侦查权在不同法系国家具有不同的含义。在英美法系国家,侦查实行双轨制,侦查权(Power of Investigation)往往与调查权(Investigation Power)互用,一般解释为:授予政府机构的检视和迫使透露与调查相关的事实的权力。① 在大陆法系国家,主要实行"检警一体化"的侦查模式,一般把侦查权视为公诉权的一部分。检察机关拥有侦查权,警察机关只是检察机关的辅助机关,行使侦查权必须得到检察机关的委托和指挥。而在我国,根据《中华人民共和国刑事诉讼法》(以下简称《刑事诉讼法》)的规定,侦查是指公安机关、人民检察院在办理案件过程中,依照法律进行的专门调查工作和有关的强制性措施。侦查权,则是侦查机关和侦查人员为实现侦查目的,依照法定的侦查程序,运

---

① "Investigatory Power:The authority conferrered on a governmental agency to inspect and compel disclosure of facts germane to an investigation." See, Bryan A. Garner, Editor in chief, Black's Law Dictionary, 7th edition, WEST GROUP, 1999, P1189。转引自张步文:《刑事侦查权涵义多样性初探》,载《河北法学》2004 年第 11 期。

用特殊的侦查手段开展侦查活动的权力。①

不论对侦查权如何定义,同其他权力形式一样,侦查权也具有较强的扩张性与攻击性,在侦查权的行使过程中,必然会涉及公民的人身权利和财产权利。一定限度之内的侦查权是为保障公民人身和财产权利所必需的,但是超出这个限度的侦查权,则可能侵犯公民的人身和财产的合法权利。据英国学者研究,在刑事诉讼中,出现错案的根源就在于刑事侦查。② 如果对侦查权缺乏有效的制约手段或者程序保障措施欠缺,侦查权随时都可能威胁到公民,尤其是犯罪嫌疑人的人身和财产安全。因此,如何勘定侦查权的边界,规制和控制侦查权的行使,防止侦查机关和侦查人员滥用国家权力导致侵犯公民权利,是现代侦查制度和刑事诉讼学界面临的重大课题。在我国,如何有效地对侦查权实施监督控制,也一直是理论研究和实践关注的热点。媒体曝光的很多冤假错案,无一不与侦查权缺乏有效的控制和规制密切相关。③

综观西方各主要国家,尽管诉讼理念有所不同,侦查权的具体运作方式也存在较大差异,但大都采取司法控制的方式,强调法官对侦查程序的介入,从而使侦查权受到司法权的监督制约,防止其在运作过程中可能出现的偏差和失误。④ 常见的司法控制方式主要包括司法授权、司法救济和非法证据排除等。西方的司法授权均实行"令状主义",侦控机关要实施逮捕、搜查、扣押、窃听、羁押或者其他强制性措施,必须事先向法官提出申请,由法官经过专门的司法审查程序签发令状。只有在法律规定的例外情形下,才可以由侦控机关自行决定实

---

① 参见郭晓彬主编:《刑事侦查学》,群众出版社2002年版,第52页。
② AASZuckerman Miscarriage of Justice-A Root Treatment,(1992)Crime L R 323。转引自高一飞、陈海平:《我国侦查权多重制约体系的重构》,载《中国人民公安大学学报》(社会科学版)2007年第1期。
③ 从20世纪90年代曝光的佘祥林案、赵作海案,到近年来的聂树斌案,张高平、张辉叔侄杀人案,导致冤假错案的原因,无不与侦查人员刑讯逼供、违法取证等行为有关,这是侦查权缺乏制约的典型体现。
④ 当然,西方国家采用侦查权的司法控制模式并非是对侦查权制约的唯一方式,其侦查机关内部,仍然存在着层级式的审查模式。对这一问题,笔者将在下文有所涉及和论述。

施强制性措施,而且实施后必须立即送交法院处理。① 司法救济是在诉讼过程中,如果犯罪嫌疑人及其辩护人对侦查机关采取的有关强制侦查措施不服,有权向中立的司法机构提起的诉讼。在诉讼中,原作出强制侦查措施决定的人员应承担举证责任,以证明其强制侦查措施具有合法性和正当性。② 非法证据排除则指在刑事诉讼中,侦查机关及其人员使用非法手段取得的证据不得在刑事审判中被采纳。当然,司法权对侦查权的控制还体现在,法院可以通过开庭审理的方式,对侦查结论进行独立的实体裁判,即就被追诉人是否有罪作出权威结论。

在我国现行法的框架内③,长期以来,对侦查权力的控制主要通过

---

① 如在英国,除了法律允许采用的"无证逮捕""无证搜查"情况外,警察对任何公民实施的逮捕、搜查和扣押行为,都必须事先向治安法官提出申请,只有经过治安法官审查并签发令状之后,警察才能实施,此后,由治安法院对是否羁押作出裁决。在美国,审前司法审查制度的鲜明特征,是将犯罪嫌疑人所享有的一系列诉讼权利规则上升到宪法保护的地位,纳入宪法上的"正当程序"原则体系之内。除法律规定的例外情形,警察实施逮捕、搜查、扣押,必须先向中立的法官提出申请,证明采取相关强制性措施是必需的,取得法官签发的令状后才可实施。在德国,由法官授权才能实施的强制行为非常广泛。除紧急情况下,检察院有一定的决定权,对公民人身权、财产权、隐私权的侵犯都必须有法官签发的令状。在法国,对于逮捕、搜查、扣押等强制性措施的使用,均由预审法官依据申请或职权经司法审查后签发令状。

② 如在美国,联邦系统的法律对审前羁押规定了两种事后救济渠道:申请复议和上诉。在英国,遭受羁押者可向警察提出保释请求,遭拒绝后可以向治安法院提出请求,由治安法院举行听审后裁断。此外,在侦查阶段遭受不当或非法羁押的犯罪嫌疑人,还可以向高等法院王座法庭申请人身保护令。该法庭一旦接受申请,将专门就羁押的合法性和正当性举行由控、辩双方同时参与的法庭审理活动,并作出裁决。在德国,被羁押者可以在任何阶段向法官提出撤销羁押的申请,而且还可以直接向宪法法院提出申诉,要求对羁押的合法性进行审查。此外,法官还得对羁押的合法性进行定期的职权性审查。

③ 这里所称的"现行法框架",主要是指刑事程序法律的框架。从更为广泛的范围讲,对侦查权力的控制和监督还包括政党监督、人大监督、律师监督以及新闻舆论、社会舆论监督等,如《中华人民共和国全国人民代表大会和地方各级人民代表大会代表法》第14条第2款规定:"县级以上的地方各级人民代表大会代表有权依照法律规定的程序提出对本级人民政府及其所属各部门,人民法院,人民检察院的质询案。"其中包括对侦查机关行使的侦查权的监督。又如新闻舆论监督,虽然我国尚未制定专门的新闻法,但是依据宪法的有关规定,通过新闻媒体来揭示现实生活中的问题并促使其解决,已经成为一种重要的监督方式。实践中,通过新闻媒体舆论对侦查活动进行监督的案例也比比皆是。新闻舆论监督已经成为一支不可小觑的监督力量,对于侦查活动公开化的进程产生了巨大影响,也有助于提高侦查活动的程序正当性,防止和减少侦查活动中的失范行为。

检察机关的侦查监督和人民法院的审判监督来实施。侦查监督是指检察机关通过立案监督、审查批捕、审查起诉和日常检查工作对侦查活动的合法性进行监督①，审判监督则是人民法院在庭审调查的基础上对指控证据进行评判、取舍，从而对侦查活动的合法性和有效性实施逆向监督。其中，又以检察机关的侦查监督控制方式为主。对于上述法定的控权模式，学者们认为，在实践中权力控制的效果比较有限，没有很好地发挥对侦查权控制的预期作用。② 以检察机关审查逮捕为例，全国平均近80%的批捕率从一定程度上说明检察机关的审查把关职责并未得到很好履行，与公安机关配合多，制约少。③ 又如，虽然检察机关历年提出纠正意见上万次（2010年达到3万余次），但相对于公

---

① 检察监督侦查是我国独特的一项法律制度。尽管在诉讼理论中，"侦查监督"一直是一个聚讼不定的概念。但传统的主流观点认为，侦查权的检察监督主要包括以下三个方面：对侦查机关提请批准逮捕的犯罪嫌疑人的案件行使审查批捕权、对侦查机关侦查终结的案件行使审查起诉权、对公安机关的侦查活动是否合法进行监督。参见王桂五主编：《中华人民共和国检察制度研究》，法律出版社1991年版，第300页。2000年9月的全国检察机关第一次侦查监督工作会议，明确提出了侦查监督的"三项职责，八大任务"。三项职责即审查逮捕、刑事立案监督和侦查活动监督；八大任务是对三项职责的具体化：一是全力维护社会稳定；二是开展刑事立案监督；三是适时介入侦查引导取证；四是审查批准和决定逮捕、延长羁押期限；五是要求侦查机关开展补充侦查；六是要求侦查机关提供法庭审判所必需的证据材料；七是开展侦查活动监督；八是对强制措施执行情况开展监督。在2013年全国第四次侦查监督工作会议上，最高人民检察院检察长曹建明要求，各级检察机关要把侦查监督工作放在更加突出的位置来抓。

② 关于检察机关侦查监督的缺陷，参见左卫民、赵开年：《侦查监督制度的考察与反思——一种基于实证的研究》，载《现代法学》2006年第6期；陈卫东、李奋飞：《论侦查权的司法控制》，载《政法论坛》（中国政法大学学报）2000年第6期；徐美君：《侦查权的运行与控制》，法律出版社2009年版，第171—173页。关于法院的审判监督的缺陷，由于是事后监督，效果一般，参见周欣：《侦查权配置问题研究》，中国人民公安大学出版社2010年版，第253页；高一飞：《程序超越体制》，中国法制出版社2007年版，第178—179页。

③ 参见徐国华、袁园、宋亚坤：《逮捕条件的完善——以审查逮捕案件质量为视角》，载《人民检察》2011年第4期；刘计划：《逮捕审查制度的中国模式及其改革》，载《法学研究》2012年第2期；苗生明：《新时期侦查监督工作特点与定位》，载《检察日报》2013年7月22日，第3版。

安机关每年立案侦查的案件数量即数百万件（2010年达到596万余件），检察机关提出纠正意见的案件比例无疑很小。① 当然，这也与目前我国公检法三机关分工负责、互相配合、互相制约的刑事司法体制设计有关。从实践看，长期以来侦查权也存在着大量滥用的情况，早在20世纪90年代初，左卫民教授在充分肯定我国侦查模式的事实查明力和犯罪控制能力的同时指出：在此模式下，侦查手段的使用具有非控性特点，具体表现为侦查手段不节制、不妥当等问题。② 不少学者亦认为，在我国侦查程序纠问式或强职权式的构造之下，侦查权力的行使缺少必要的外部权力控制机制，从而使侦查权力具有极大的裁量空间，犯罪嫌疑人的权利极易受到侵犯。③

基于此，如何加强对侦查权的监督控制，能否建立对侦查行为司法控制的相关制度，通过司法权实现对侦查权的制衡，以解决我国侦查实务中存在的滥用权力、侵犯犯罪嫌疑人人权的种种问题，一直是

---

① 参见刘计划：《侦查监督制度的中国模式及其改革》，载《中国法学》2014年第1期。
② 参见左卫民：《价值与结构——刑事程序的双重分析》，四川大学出版社1994年版，第89—92页。转引自马静华：《侦查权力的控制如何实现——以刑事拘留审批制度为例的分析》，载《政法论坛》2009年第5期。
③ 如陈瑞华认为，由"流水作业式"诉讼构造决定，实践中侦查权力滥用现象突出。樊崇义在考察1996年《刑事诉讼法》实施三年情况时指出："在这种封建主义诉讼观念（指纠问式诉讼——笔者注）影响之下，秘密侦查、刑讯逼供、非法取证，使新修改的《刑事诉讼法》所确立的侦查模式难以贯彻执行。"孙长永强调："侦查机关在自己的管辖范围内不仅享有强大的调查取证权，而且可以采取包括剥夺人身自由在内的强制措施，长时间地控制犯罪嫌疑人的人身自由。"相关论述，参见陈瑞华：《刑事诉讼的前沿问题》，中国人民大学出版社2000年版，第321—335页；樊崇义：《侦查》，载陈光中主编：《刑事诉讼法实施问题研究》，中国法制出版社2000年版，第100页；孙长永：《探索正当程序——比较刑事诉讼法专论》，中国法制出版社2005年版，第63页。

学界研讨的一个重点、热点和难点,也为多数学者所支持和主张。① 特别是随着人权保障理念的不断深入,以及对司法实践中出现的多起刑事错案的反思,要求通过立法确立司法权对侦查权的控制,特别是确立司法审查制度的呼声越来越强烈。如在对 1996 年《刑事诉讼法》修改的过程中,不少学者提出了种种设想和建议,在学者专家拟制的关于修改刑事诉讼法的专家建议稿中,也绘制了一幅幅侦查权司法控制的美丽蓝图。② 不仅学界有此主张,在司法实务中,2003 年最高人民检察院曾经一度建议将检察机关在自行侦查案件中所享有的批准逮捕权移交给法院,以避免各界对检察机关权力过于集中的问题产生过多的非议。然而,这一建议并没有为最高人民法院所接受。学者认为,一种在中国刑事审判前阶段构建司法审查机制的历史机遇,就这样被错过了。③ 上述林林总总的理论设想和改革建议,未能纳入刑事诉讼制度改革的方案设计之中,2012 年修订的《刑事诉讼法》最终没有确立侦查权的司法审查制度。尽管 2012 年《刑事诉讼法》在一定程度上强化了对犯罪嫌疑人权利的保护,如适度强化了检察机关对侦查

---

① 相关文章如徐美君:《侦查权的司法审查制度研究》,载《法学论坛》2008 年第 5 期;林喜芬:《现代侦查权力的规制原则与我国侦查程序改革》,载《福建公安高等专科学校学报》2005 年第 5 期;陈卫东、李奋飞:《论侦查权的司法控制》,载《政法论坛》(中国政法大学学报)2000 年第 6 期;孙长永:《通过中立的司法权力制约侦查权力——建立侦查行为司法审查制度之管见》,载《环球法律评论》2006 年第 5 期;马红平:《侦查权的司法控制》,载《兰州大学学报》(社会科学版)2009 年第 6 期;侯明:《侦查权司法控制的理论基础探究》,载《时代法学》2008 年第 2 期;龙宗智:《强制侦查司法审查制度的完善》,载《中国法学》2011 年第 6 期;李静睿:《对侦查权进行司法审查是大势所趋——专访中国人民大学诉讼制度与司法改革研究中心主任陈卫东》,载《中国新闻周刊》2011 年第 34 期。

② 如陈光中教授主编的《中华人民共和国刑事诉讼法再修改专家建议稿与论证》,徐静村教授等编著的《中国刑事诉讼法(第二修正案)学者拟制稿及立法理由》,以及陈卫东教授所著《模范刑事诉讼法典》,其中均有此方面的内容。

③ 参见陈瑞华:《刑事诉讼的中国模式》,法律出版社 2008 年版,第 262 页。2004 年,中国人民大学诉讼制度与司法改革研究中心等在长春举办"羁押制度与人权保障"理论研讨会。原国家检察官学院院长石少侠在会上发言中谈到,最高人民检察院希望把这个权力交出去(指职务犯罪案件的批准逮捕权——笔者注),但是最高人民法院不愿意接受。参见陈卫东主编:《羁押制度与人权保障》,中国检察出版社 2005 年版,第 410 页。

活动的监督,增设了检察院对逮捕后的羁押必要性的审查制度①,增加了审查逮捕阶段证人、律师的参与以及讯问犯罪嫌疑人的规定②;明确规定了检察机关对侦查阶段律师执业权利的保障和犯罪嫌疑人权利受侵害后的救济责任③;同时,确立了非法证据排除规则,等等。④ 但是,既有的侦查程序构造仍然在维持,法官仍然未能介入侦查程序,也没有赋予犯罪嫌疑人对侦查机关的强制措施决定不服时向法院寻求司法救济的权利。因此,从不断推进我国法治社会的构建来看,侦查程序的完善尚存在许多未竟的课题,司法化仍然是我国《刑事诉讼法》修改的当下和未来走向。⑤

在刑事司法操作和实践的层面,各国均存在着制度上的法和实践

---

① 根据2012年《刑事诉讼法》第93条的规定,犯罪嫌疑人被逮捕后,人民检察院仍应当对羁押的必要性进行审查。对不需要继续羁押的,应当建议予以释放或者变更强制措施。有关机关应当在10日以内将处理情况通知人民检察院。

② 2012年《刑事诉讼法》第86条第1款规定:"人民检察院审查批准逮捕,可以讯问犯罪嫌疑人;有下列情形之一的,应当讯问犯罪嫌疑人:(一) 对是否符合逮捕条件有疑问的;(二) 犯罪嫌疑人要求向检察人员当面陈述的;(三) 侦查活动可能有重大违法行为的。"第86条第2款规定:"人民检察院审查批准逮捕,可以询问证人等诉讼参与人,听取辩护律师的意见;辩护律师提出要求的,应当听取辩护律师的意见。"

③ 根据2012年《刑事诉讼法》第47条的规定,辩护律师认为侦查机关及其工作人员阻碍其依法行使诉讼权利的,有权向同级或者上一级人民检察院申诉或者控告。检察院应及时进行审查,情况属实的,通知有关机关予以纠正。第115条规定:"当事人和辩护人、诉讼代理人、利害关系人对于司法机关及其工作人员有下列行为之一的,有权向该机关申诉或者控告:(一) 采取强制措施法定期限届满,不予以释放、解除或者变更的;(二) 应当退还取保候审保证金不退还的;(三) 对与案件无关的财物采取查封、扣押、冻结措施的;(四) 应当解除查封、扣押、冻结不解除的;(五) 贪污、挪用、私分、调换、违反规定使用查封、扣押、冻结的财物。受理申诉或者控告的机关应当及时处理。对处理不服的,可以向同级检察院申诉;检察院直接受理的案件,可以向上一级检察院申诉。检察院对申诉应当及时进行审查,情况属实的,通知有关机关予以纠正。"

④ 2012年《刑事诉讼法》第54条规定:"采用刑讯逼供等非法方法收集的犯罪嫌疑人、被告人供述和采用暴力、威胁等非法方法收集的证人证言、被害人陈述,应当予以排除。收集物证、书证不符合法定程序,可能严重影响司法公正的,应当予以补正或者作出合理解释;不能补正或者作出合理解释的,对该证据应当予以排除。在侦查、审查起诉、审判时发现有应当排除的证据的,应当依法予以排除,不得作为起诉意见、起诉决定和判决的依据。"

⑤ 参见周长军:《语境与困境:侦查程序完善的未竟课题》,载《政法论坛》2012年第5期;左卫民:《司法化:中国刑事诉讼修改的当下与未来走向》,载《四川大学学报》(哲学社会科学版)2012年第1期。

中的法(活法)。现实主义法学的代表人物之———卢埃林曾经提出：法律是不断变化的规则，它不仅包括"书面规则"(paper rules)，而且应包括"现实规则"(real rules)，书面规则仅仅告诉人们应当如何去行为，但人们实际上如何行为并不完全符合书面规则。① 也正是在此意义上，各国均越来越注重并强调对司法实践的关照。国内亦有不少学者提出，我们需要从对"书本法律"的迷恋，转向对"社会中的法律"的高度重视②，同样，在对待侦查权控制这一命题上，我们在继续沿着以司法权控制侦查权的思路和理念行进并努力的同时，是否也可以把目光投向现实的司法实践场域，探究在实践中，除法定的控权模式之外，是否还存在其他的控制模式，如果有，这是一种什么样的控制机制，其控权效果又如何？

循此思路，初步的考察发现，在担负主要侦查职责的公安机关内部，已经形成了一套侦查权力控制机制。③ 相对于刑事诉讼法规定的检察机关侦查监督和法院审判监督这两种侦查权力控制模式，它是一种本土化的、自然演进而非建构而成的侦查权力控制机制；相对于侦查权的外部控制，它又是一种侦查机关的内部控制机制。根据具体功能的不同，侦查权的内部控制机制大体又可以分为结果导向的制约机制和过程导向的制约机制。④ 结果导向的制约机制包括案件执法质量考评制、执法过错责任追究制以及相应的目标管理和奖惩制度，等等，其实质是对案件办理的质量进行考核、评议，并把考评结果与领导的政绩、民警的绩效密切挂钩，通过严格落实奖

---

① Donald L. Horowitz, The Courts and Social Policy, pp. 22-23, 1997 by the Brookings Institution. 转引自：黄维智：《业务考评制度与刑事法治》，载《社会科学研究》2006年第2期。
② 参见陈瑞华：《刑事诉讼的中国模式》，法律出版社2008年版，第2页。
③ 根据2012年《刑事诉讼法》的规定，刑事案件的侦查由公安机关进行，法律另有规定的除外。因此，对公安机关侦查权的控制，基本反映和代表了对侦查权的控制状态，正是在此意义上，本书主要围绕公安机关的侦查权力控制模式和机制开展研究。当然，其中也会对检察机关作为侦查机关时的权力控制机制有所涉及。
④ 参见马静华：《侦查权力的控制如何实现——以刑事拘留审批制度为例的分析》，载《政法论坛》2009年第5期。

惩以及错案责任追究,促使民警增强法制观念,提高法律素质,正确规范地行使侦查权力。而过程导向的制约机制最集中体现在案件审核制度,即办理案件过程中,公安机关内部特定人员按照一定的程序和标准对案件的合法性、适当性进行事前审查、核实、批准的制度。就刑事案件审核而言,根据审核对象的不同,又可以分为对侦查程序的审核和对侦查行为的审核,前者如对立案、破案、撤案、侦查终结的审核,后者如对刑事强制措施、强制性侦查措施以及某些任意性侦查措施的审核,等等。①

对于上述已经形成并正在运行的内部控制机制,当下学界关注不够,就已有的研究文献看,有关结果导向制约机制的资料相对较为丰富②,而对过程导向的控制机制即案件审核制度的相关研究较为阙如。③ 特别是案件审核制度在实践中具体如何运作、运作中能否实现对侦查权的控制和人权的保障、控制效果如何等,尚缺乏专门性和系统性的研究。如马静华和刘方权曾分别从刑事拘留和取保候审的审

---

① 从文本规定和实践操作看,公安机关确立的案件审核制度既适用于刑事案件,也适用于公安机关办理的行政案件。因为本书研究主题是刑事侦查权的监督控制,所以下文中所表述的"案件审核"制度均指公安机关在侦办刑事案件中的审核制度。

② 关于执法质量考评,相关论述和文章有:吕绍忠等:《中外警察法治若干问题比较》,中国人民公安大学出版社2009年版;范丛兴、寇冰:《提升执法质量考评制度价值的思考》,载《中国西部科技》2010年第9期;杨付:《公安执法质量建设的管理学思考》,载《公安研究》2008年第10期;宋福蓉、邵祖峰:《公安机关执法质量评价指标体系与综合评价方法》,载《吉林公安高等专科学校学报》2007年第1期;展万程:《公安机关执法质量考核评价研究综述》,载《公安学刊》(浙江警察学院学报)2012年第2期;邹志宏、吴以华、刘杰等:《完善执法质量考评机制 促进执法质量全面提高》,载《公安学刊》(浙江公安高等专科学校学报)2005年第5期;李光辉:《执法环境的变迁与执法质量评价体系的创新》,载《公安研究》2009年第6期;李书芳:《浅议公安执法质量考核评议机制的构建》,载《法制与经济》2011年第2期。

③ 如在中国知网以"公安机关、案件审核"为关键词,搜索到的文章很少。较为有代表性的如杨洪武:《试论强化公安机关内部执法监督的关键——案件审查》,载《公安研究》1995年第3期;曹文安、陈茂华、钟明曦:《论公安机关案件审核模式之变革——以实现公安执法规范化建设目标为视角》,载《福建警察学院学报》2009年第5期;范琦武:《县级公安机关法制部门职能定位初探——以案件审核职能改革为背景分析》,载《福建公安高等专科学校学报》2006年第5期;缪建军:《论公安机关的案件审核制度》,载《森林公安》2005年第3期。

核入手,考察了实践中案件审核在刑事拘留和取保候审中的运用,进而分析了案件审核对侦查权的控制问题,但只是一个片段。① 陈涛等曾采取调查问卷和座谈的方式,就案件审核进行研究,但主要针对案件审核的运行效果展开,较少关注具体如何运行实施。② 此外,尽管有学者认为内部控制是我国对侦查权控制的明显特点③,但对于内部控制模式,绝大多数学者持否定和质疑态度,认为内部控制模式属于同体监督,不能发挥作用或者收效甚微。④

侦查权的内部控制机制在实际中有没有发挥作用、在多大程度上发挥作用,如果发挥了作用,原因何在?如果发挥作用欠佳,制约因素是什么?能否基于当下的现实基础和条件理性地进行改革完善,以推进侦查法治化的进程?这正是本书所要研究探讨的对象和内容。其中,本书又选取了侦查权的过程控制机制——以刑事案件审核制度为重点和关注对象展开研究。⑤ 主要原因在于:相对于结果导向的内部制约机制,案件审核制度具有事前性、日常性、全程化等特点,对侦查权力的监督更直接、更微观,也更具有持续性,因此可能在侦查权力控制的效果上更为明显,作用更为突出。当然,如前所述有关结果控制

---

① 参见马静华:《侦查权力的控制如何实现——以刑事拘留审批制度为例的分析》,载《政法论坛》2009 年第 5 期;刘方权:《一样的过程,不一样的结果——取保候审审批决定程序实证研究》,载左卫民等:《中国刑事诉讼运行机制实证研究(二)》,法律出版社 2009 年版。
② 参见陈涛、李森、闫永黎:《侦查权内部控制实证研究》,载《中国刑事法杂志》2011 年第 6 期。
③ 参见高一飞:《程序超越体制》,中国法制出版社 2007 年版,第 177 页。
④ 参见高一飞:《程序超越体制》,中国法制出版社 2007 年版,第 177—178 页;周欣:《侦查权配置问题研究》,中国人民公安大学出版社 2010 年版,第 247—248 页;闫春雷:《刑事侦查程序中司法审查机制的构建》,载《法制与社会发展》2003 年第 4 期;高一飞、陈海平:《我国侦查权多重制约体系的重构》,载《中国人民公安大学学报》(社会科学版)2007 年第 1 期。
⑤ 所谓机制,《辞海》的解释是:"原指机器的构造和运作原理,生物学和医学通过类比借用此词。生物学和医学在研究一种生物的功能(例如光合作用或肌肉收缩)时,常说分析它的机制,这就是说了解它的内在工作方式,包括有关生物结构组成部分的相互关系,以及其间发生的各种变化过程的物理、化学性质和相互关系。"据此,案件审核机制主要是指案件审核的运作方式和运作原理。

机制的研究文献相对较多,对这种制约机制在实践中显示出的权力控制效果学者相对认可①,而对案件审核制度的专门研究匮乏、关注者不多,也是本书确定选题时考虑的一个重要因素。

(二) 研究的意义

"我们感兴趣的社会科学是一门关于具体实在的经验科学。我们的目标是要理解我们身历其中的实在的独特之处:一方面,我们需要

---

① 如在执法质量考评方面,公安部于2001年制定了《公安机关执法质量考核评议规定》,统一下发各地公安机关贯彻实施。对于考评不合格的,相关负责人应层层负责,考评结果也会以内部通报的方式发挥其警示效应。连续两年不达标的公安机关负责人要引咎辞职,或者由上级有关部门予以免职。

2011年,公安部又下发了《关于改革完善执法质量考评制度的意见》,相关负责人在解读该《意见》时表示,通过连续多年开展执法质量考评,公安机关的执法质量逐年稳步提升,得到了政法各部门和社会各界的广泛认可。各级公安机关以执法质量考评为抓手,不断健全完善执法实体标准和程序规范,进一步端正了广大民警的执法思想,规范了广大民警的执法行为,提高了广大民警的执法能力,解决了一大批群众反映强烈的突出问题。参见闵政:《公安部〈关于改革完善执法质量考评制度的意见〉解读》,载 http://www.cpd.com.cn/n3547/n5253/c1430738/content.html,最后访问日期:2014年3月12日。

在信访监督方面,1995年5月,公安部制定了《公安机关受理控告申诉暂行规定》(2005年8月被《公安机关信访工作规定》取代),根据该《规定》,凡认为自己的合法权益受到侦查机关不当侵犯的犯罪嫌疑人、被害人、证人及其他相关人员,都有权向公安机关提出申诉、控告;经过信访调查程序后,如果原处理结论确有不当或者错误的,侦查机关应当予以纠正或者撤销;对相关责任人,侦查机关应依据有关法律及规定追究其责任。信访监督工作的展开对于纠正刑事执法中的偏差、约束侦查行为发挥了一定的作用。从2005年5月18日至9月6日,全国公安机关累计接待群众信访20.4万件;根据信访查处情况,纠正执法过错1382起,追究处分责任民警855人,其中给予499人以行政处分;公安机关累计赔偿、补偿群众经济损失1.3亿元;经过信访处理后,当事人表示停访息诉的19.2万,约占94%。上述信访案件中,相当比例属于刑事范畴。相关报道参见王姝:《全国公安四个月接待上访20.4万起,四类问题群众反映突出》,载2005年9月15日《新京报》。案件质量考评和信访监督机制之所以能够发挥一定作用,除了层级式的检查、调查、评估、考核之外,奖惩机制的激励和威慑功不可没。转引自马静华:《侦查权力的控制如何实现——以刑事拘留审批制度为例的分析》,载《政法论坛》2009年第5期。2010年8月,从公安部办公厅信访办获悉,5年来,全国公安机关深入贯彻实施《公安机关信访工作规定》,坚持积案化解与源头治理并重,完善机制与创新办法并行,畅通渠道与规范秩序并举,形成了公安信访存量减少、信访秩序好转、工作规范高效的良好局面,公安信访工作长效机制建设取得长足进展。参见闵政:《公安信访工作长效机制基本形成》,载 http://www.mps.gov.cn/n16/n1237/n1342/n803715/2498231.html,最后访问日期:2014年3月12日。

理解它现在的表现形态中的个别现象的联系和文化意义;另一方面,我们需要理解它们在历史上为何如此而非如彼地形成的依据。"① 在当下学界大多主张通过采用司法控制模式特别是确立司法审查制度实现对侦查权力控制的背景之下,该选题的研究价值在于通过对我国案件审核制度这一独特的侦查权力内部控制机制的历史研究和现实考察,回答"侦查权力的内部制约模式是否有效""在多大程度上有效""为什么有效"等问题,探究这一本土化模式生成的原因,并在此基础上提出改革完善之策。因此,对这一主题开展研究,其意义不仅仅在于证实或者纠正某一个命题,更重要的是探讨在当下中国政治权力结构和社会宏观背景下,在致力于推动分权制衡的控制机制构建的同时,我们能否通过实践中已经形成的内部权力控制机制达到或者部分达到控制侦查权的目的?特别需要说明的是,这并非是在侦查权的外部控制机制(尤其是司法控制机制)与内部行政控制机制之间一分高下,而仅仅是探讨在推进侦查法治化的过程中,另一种可能选择的渐进式的推进方式。除以上目的之外,对公安机关刑事案件审核机制研究还具有以下意义:

（1）有助于从微观层面客观了解公安机关刑事案件审核制度在日常实践中如何运作,从具体运行中发现存在的问题,从而在经验事实的基础上就如何加强侦查权控制有针对性地提出改革对策。长期以来,较少有立足于案件审核制度日常细微的运作状况进行研究考察,更多的是侧重于宏观的认知和整体的解读,从公安机关内部,特别是从案件审核制度具体执行者的视角研究案件审核制度的更是阙如。因此,可能导致研究者无法真正了解案件审核制度的具体运作,也无法理解为何要如此运作,更无法提出有价值的改革建议。如苏力所说:"我们现在心目中的许多关于法官的印象,都是从书面来的,很少有经验性的研究。因此,有许多已经被作为'事实'为我们所接受的,

---

① 〔德〕马克思·韦伯:《客观性和经济学中的解释》,载〔美〕丹尼尔·豪斯曼:《经济学的哲学》,丁建峰译,上海人民出版社2007年版,第3页。

其实未必是真实的。"①所以，本书关注案件审核制度日常运作的程序事实，深入该制度运作的现场进行观察与分析，并在此基础上解读这一制度运作的基本状况。这有助于客观、准确地把握案件审核制度的具体运作，也能更加有针对性地提出改革案件审核制度的对策性建议。

（2）有助于深刻地理解案件审核制度与当下我国整体政治社会宏观背景的关系。尽管案件审核制度只是一个具体的制度，但它并不是孤立地存在于社会体制和政治权力结构之中，也无法脱离中国当下整体的社会背景和时代背景。正如郭松在研究审查逮捕制度时所提到的，它根植于中国的政治、经济和文化架构之中，具体制度安排与实际运作可能就是政治、经济与文化结构的反映，或者说直接与间接地受其建构。②案件审核制度亦如此，其制度的具体运作状况也会反映出这一制度在国家权力结构中的位置以及宏观社会背景对其产生的影响。而要真正把握和理解这些，首先需要了解案件审核制度运作中存在的种种具体的权力关系、指向与机制，并将它们纳入当下的社会、经济与政治背景下加以审视，这些都需要深入到案件审核制度运作的各个细微程序环节进行分析。基于此，本书将研究视角转向案件审核制度的微观层面，将考察重点放在案件审核制度的日常程序运作上。

（3）有助于深化对中国刑事诉讼运作实践以及刑事诉讼制度转型的认识。运用实证研究的方法对案件审核制度运作相关问题的分析，可以为思考刑事司法制度的变迁与改革提供有益的经验与启示，提供一种多样化的改革路径。尽管案件审查制度只是刑事司法实践中运行的一个细微组成部分，但是它也可以作为透视刑事司法制度的一个缩影。近些年来，不少学者在坚持多元理论视角研究的同时，以认识中国刑事诉讼具体的、细微的实践为出发点，更多关注以实证的

---

① 苏力：《送法下乡——中国基层司法制度研究》，中国政法大学出版社2002年版，第17页。

② 参见郭松：《中国刑事诉讼运行机制研究（四）——审查逮捕制度实证研究》，法律出版社2011年版，第6页。

方式把握和研究中国刑事诉讼制度的运行情况,并将实证研究方法具体运用到司法活动的研究过程中,以寻求刑事诉讼制度合理化的可能路径。① 本书在研究选题、方法和思路上亦是如此,力图运用实证方法研究案件审核制度,推动刑事司法制度改革与完善。

二、研究方法与材料

(一) 研究方法

在研究方法上,本书运用了伯克利加州大学爱德华·拉宾教授所称的"描述性的方法"(descriptive)来解释与说明案件审核制度的具体运作②,具体的方法包括实证研究和统计分析。从研究的目的、材料的来源与获取方式,以及研究的过程、得出的结论等整个研究活动的全部过程,均从实际调查出发。在研究过程中,还综合运用了历史研究、比较研究的方法,有关知识涉及程序法学、证据法学、实体法学以及逻辑学、统计学、心理学等各个学科。

实证研究方法作为对社会各种活动和现象进行解释、分析、证实或预测的一种研究方法,主要说明实践"是什么",以及解释"为什么"的问题。从研究的范式来看,实证研究方法有调查研究、相关研究、行动研究等方法,在具体的运用上则包括观察法、访问法、测验法、个案法、实验法等。本书对公安机关案件审核制度的研究,属于实证研究中的针对具体样本个案所进行的研究。在研究中,又具体运用了以下

---

① 左卫民认为,当采用实证研究的范式观察与思考中国的刑事诉讼制度时,可以探求到中国刑事诉讼制度现代化更为有效的思路与方案,参见左卫民:《范式转型与中国刑事诉讼制度改革——基于实证研究的讨论》,载《中国法学》2009 年第 2 期。樊崇义认为,实证研究方法在刑事诉讼法学中的推广和应用有助于形成刑事诉讼法学的独立品格,参见夏红、樊崇义:《刑事诉讼法学研究方法的转型——兼论在刑事诉讼法学研究中使用实证研究方法的意义》,载《中国刑事法杂志》2006 年第 5 期。

② 爱德华·拉宾所称的"描述性方法",主张研究者要"关心真正的现实,而不只是关心为法律职业所建构或试图建构的社会存在"。参见郑戈:《法学是一门社会科学吗?》,载《北大法律评论》(第 1 卷第 1 辑),法律出版社 1998 年版。

几种方法：

（1）调查研究方法。调查研究（Survey·Research）作为一种描述性研究，强调"向研究对象系统询问社会背景、态度和行为，以发现社会现象和过程的原因或影响因素"。① 这种研究方法主要通过对原始材料的观察，有目的、有计划地收集研究对象的客观材料，从而形成对某一问题客观、科学的认识，最终得出结论或者建立理论学说。

（2）相关研究方法。相关研究（Correlative Research）也是一种描述性研究，主要关注两个或两组变量之间是否具有相关性，如果相关，是正相关还是负相关，相关程度如何。这种研究方法通过对两个或多个变量之间的关系进行研究，利用相关分析方法以确定各变量之间关系的性质与程度，目的是了解不同现象之间的关系。② 具体到这一选题，由于案件审核制度并非一个完全孤立的制度，其间涉及各种主体、制度、程序、机构、权力等因素相互之间的关系和彼此影响的程度，因此运用了相关研究的方法，考察案件审核制度内部各权力主体之间的关系，考虑案件审核制度与侦查机制、审查逮捕制度以及当下中国政治结构的关系，等等。

统计分析方法作为一种具体的技术方法，主张从社会事实出发，对所要研究的问题经过数量归纳，借助一定的统计指标，获得现实社会现象的种种数据，再结合因果分析，从量的方面对社会现象进行解释，得出符合现实的结论。③ 这是社会学研究中的一个重要方法。法学研究作为人文科学研究的一部分，也同样具有量的属性，可以从量的方面进行观察与研究。正如布莱克所指出的，法律是一个变量，它随着时间与空间的变化而增减，在一种条件下会比另一种条件下要多；法律也可以用多种方式测定，比如与法律有关的活动、惩罚的严重

---

① 朱景文主编：《法社会学》，中国人民大学出版社2005年版，第76页。
② 参见邹琼：《国外相关研究法在外语教学研究中的应用》，载《株洲工学院学报》2004年第1期。
③ 参见于建嵘：《岳村政治——转型期中国乡村政治结构的变迁》，商务印书馆2004年版，第28页。

程度。① 本课题研究在使用这种方法时,主要采取预先设定统计指标,对案件审核制度运作中的有关"量"依据一定的方法进行统计,并在此基础上进行观察与分析,分析这些数据所包含的信息。通过统计分析数据,加深对案件审核制度现状与变化的理解,并在此基础上提出改革建议,促进制度的科学化。

需要说明的是,尽管作为实证研究的样本个案研究具有自身的优势,但其固有的局限性也较为明显,主要就是样本的代表性以及研究结论的普适性。特别是第一个局限性,在本项研究中显得更为突出,因为在社会经济、文化、地域差异非常大的我国,如何保证选取研究样本的绝对代表性十分困难。对此,笔者在样本选取的代表性上,采用了王亚新所称的样本"有限却完整"的方法(local but total)②,重点以经济发展水平、社会治安状况为参数,同时考虑案件数量、案件类型、民警素质等方面的因素,力争克服研究样本的非典型性和有限性的缺陷。按此标准,笔者选择了A区和B县两个县级公安机关作为研究样本,分别代表经济水平较高的城市和经济水平相对贫困的农村。因为尽管党的十六届五中全会即提出了推进社会主义新农村建设的任务,我国在总体上也已经进入了以工促农、以城带乡的发展阶段③,但是党的十八大报告指出,目前我国最大的发展差距仍然是城乡差距,最大的结构性问题仍然是城乡二元结构。因此,城市与农村在经济发展、社会事业管理等方面的差距仍然明显,在样本的选择上,笔者采取在城市和农村各选择一个样本,以弥补样本选择代表性上的不足。同时,在研究中,把与两个县级公安机关相关的上级公安机关亦作为参照研究的对象(关于样本公安机关之间的关系将在下面的内容中具体

---

① 参见〔美〕唐纳德·布莱克:《法律的运作行为》,唐越等译,中国政法大学出版社1994年版,第2—5页。
② 参见王亚新等:《法律程序运作的实证分析》,法律出版社2005年版,第7页;王亚新、徐昕、傅郁林、范愉:《关于中级人民法院民事诉讼一审程序运作状况的调查报告》,载《现代法学》2003年第5期。
③ 参见温家宝:《关于当前农业和农村工作的几个问题》,载http://politics.people.com.cn/GB/1024/4045235.html,最后访问日期:2014年5月15日。

予以说明)。与实证研究方法一样,统计分析的方法在本项研究中也存在一些不足。主要表现在两个方面:一是统计指标设定的不足,受研究对象客观因素与研究者知识能力主观因素的限制,研究时无法将案件审核制度所有的程序规则都还原为量化的数据指标;二是无法确保抽样百分之百地符合统计学分布原理与相关数据具有统计学上的意义以及这些数据本身的精确度。对此,笔者在调查与研究中尽可能进行补救,以减少因上述不足而带来的问题,尽可能地将案件审核制度的程序规范进行"操作定义"并予以量化,同时依据统计学的原理进行比例化的抽样,以使数据具有更大的研究价值与意义。①

还有一点需要说明的是,本研究课题并不是一种理论化取向的研究,作为一种初步的实证研究,主要是以有关案件审核的文本规定、对案件审核制度实际运行的观察、与相关人员的访谈为基础,对案件审核的运作状况进行具体客观的描述,以期能够全景式展示案件审核受理、分配、处理程序以及案件审核的内容、标准和方式等方面的情况。因此,本书主要采用了描述与解释的方法,当然描述并非最终目的,旨在通过描述,为进一步分析和讨论案件审核制度提供一个事实基础,并根据经验性的事实,就有关问题进行一些具有理论化取向的解释与讨论。

(二) 研究材料

本课题所使用资料的来源主要有下列几种:

1. 在 A 区和 B 县两个县级公安机关实际调查所获得的资料

这部分资料是本书的核心材料,同时也是第一手资料。具体包括以下几个方面:

(1) 在两个公安机关调查期间所收集与统计的各种数据,这又分

---

① 此种方法借鉴了郭松在对审查逮捕制度进行实证研究时采用的方法。参见郭松:《中国刑事诉讼运行机制实证研究(四)——审查逮捕制度实证研究》,法律出版社2011年版,第14页。

为两个部分,一方面是两个公安机关已有的一些统计资料①,另一方面是根据研究需要而进行的提取与统计。

(2) 在两个公安机关摘抄、复印的一些档案材料。

(3) 在两个公安机关调查期间所作的访谈资料以及对现场观察的实录材料。其中,分别访谈了 30 余名民警,包括局领导、部分负责人、办案民警和审核民警,形成相应的访谈资料,现场观察实录 6 次。

(4) 在调查期间根据确定的不同主题对民警所作的问卷调查。共调查了 70 余名民警,其中,局领导、部门负责人、办案民警、审核民警各占一定的比例。

上述资料是本书研究的主要资料和对象。

2. 与 A 区公安分局和 B 县公安局相关的公安机关的有关资料

如在调查中查阅了 A 区和 B 县分别所属的 C 市、D 市以及 E 省公安机关的有关档案资料、文本规定,统计了相关数据,并与相关人员进行了访谈,分别访谈了省、市不同层级公安机关的近 20 名民警,其中主要是相关规范制度的制定者,在访谈基础上形成了相应资料。这部分选材也构成本书研究的重要材料,在分析和论证中有所涉及。

3. 部分学者出版、发表的文献中所使用的资料以及一些新闻报道材料,即所谓的二手资料

这部分资料除了数据之外,更多是关于案件审核制度的实践、侦查权的监督控制模式以及《刑事诉讼法》实施、司法制度改革等方面的材料。

4. 各种官方出版物或者准官方出版物以及公开可查的官方文件中所公布的一些数据与文字材料

如政策法规汇编、官方文件、领导讲话。由于目前对案件审核制度的全面、系统的研究非常缺乏,因此可供参考佐证的资料,特别是实证性的数据资料相当有限。

---

① 尽管这类资料直接来源于公安机关的统计,但由于公安统计本身存在的一些问题,这类资料的准确性与完整性仍然带有一定的局限性。

经验性的实证研究有赖于资料的充分性与真实性,这在很大程度上又取决于资料的来源与收集方式。尽管在进行研究过程中已在这两个方面作了努力,尽可能地通过各种渠道,希望能够获取尽可能细致和真实的数据,但由于公安机关的特殊性,研究的材料来源相当困难,而且有限,不能保证资料的充分,所以本书的分析与结论不可避免地存在一定的片面性和局限性。

三、本书结构与相关说明

(一) 本书结构

本书主要通过实证研究的方法,借助其他社会科学的相关理论,从规范与经验两个层面对公安机关刑事案件审核制度的实践运作、发展状况进行考察分析,在此基础上,以案件审核制度为重点,探讨侦查权的内部控制机制的改革与完善。共分为八个部分。

第一部分为导论部分。从侦查权的监督与控制入题,简要分析我国侦查权监督的现有法定模式,并结合当下学界对侦查权监督控制的研究以及实务中的改革进展情况,主张关注现实运行而学界尚未重视的侦查权控制的另一途径——内部行政控权模式,其中,以案件审核制度为关注点。此外,导论部分还对本书的研究方法、研究资料、结构以及相关问题进行了简要的说明与交代。

第二部分为案件审核制度的发展演进。主要考察从新中国建立以来,特别是从1979年《刑事诉讼法》颁布实施以来,公安机关案件审核制度的发展演进。以1996年《刑事诉讼法》颁布实施为界,公安机关案件审核制度大致可以分为两个阶段,分别为预审部门承担案件审核功能和法制部门承担案件审核职能阶段,为此,本部分在考察了两个阶段不同部门承担审核职能的发展演变过程之后,从两个阶段审核部门的职责定位、审核的价值取向、审核的具体方式,以及审核的规范程度等方面进行简要的比较。

第三部分为案件审核的程序。案件审核的程序并非仅仅是日常事务性操作，它直接关涉案件审核制度能否公正高效地运行，能否实现制度设计的预期目标。本部分就案件审核制度中专门审核机构对刑事案件审核的受理、分配和审核环节进行了考察。通过对案件如何受理、分配和审核的描述和考察，发现上述程序已经初步体现出案件审核制度的基本原则，审核部门审核人员与办案人员之间形成了一定程度的监督制约，案件审核制度也越来越规范和理性。但是，对侦查权力的控制在各个环节仍有亟待完善之处。

第四部分为案件审核的内容和标准。案件审核能否发挥预期功能，很大程度上取决于审核过程中如何把握审核的要求，包括审核哪些内容，掌握什么样的标准，审查哪方面的材料，等等。本部分通过对比审核人员与办案人、公安机关负责人对审核内容和审核要求掌握标准的考察可以看出，审核部门把握的审核要求与条件，高于办案人员、公安机关负责人的要求，审核内容更全面，审核标准更严格，因而对侦查权力的限制功能发挥也更为有效。但是审核时多注重证据条件，审核的批准率较高等，又折射出对犯罪嫌疑人的权利与自由价值关照的不足，仍未充分体现限制国家权力行使的意义。

第五部分为案件审核的方式。案件审核的方式在很大程度上影响着审核的效果，如果审核方式简单粗疏，类似流水式作业，尽管有利于提高审核效率和侦查效率，但在权力控制方面的作用则可能明显不足。本部分就审核方式的考察主要从书面审核和非书面审核、个人审核与集体审核两个视角展开，探讨审核制度的预期目标在上述审核方式下能否实现。考察可以得出一个大致的结论：目前的审核方式对侦查权的行使形成了一定程度的监督制约。与此同时，也对其在侦查权控制不足方面进行了分析。

第六部分为案件审核中的责任机制。本部分主要围绕错案追究制和目标考核制这两种公安组织控制策略在案件审核中如何实施进行分析。考察发现，一方面，两种控制策略将民警个人利益、组织利益与案件处理结果联系在一起，有利于在案件审核中规制侦查人员的侦查行为;另一方面,由于当下错案责任追究特别是目标考评中存在着许多违反诉讼规律的制度设计,使审核人员和办案人员处于"双重结构化"之中,从而对案件审核产生负面效应,案件审核权力控制功能受到一定限制。

第七部分为案件审核的效果评价。本部分主要就案件审核的效果进行总体评价,分析案件审核制度在侦查权力控制方面的向度和限度,并探究产生上述效果的原因。总体而言,尽管属于侦查权力的内部行政监督模式,但当下案件审核制度在侦查权力的控制方面并非如学界所认为的那样一无是处,而是在控制、规范侦查权的行使方面已经发挥了一定的积极作用,新的理性化要素也在不断产生并被吸收。但是,受整体政治权力结构与固有认知框架的影响,案件审核制度的权力制约功能亦有一定限度,一些忽视权利保障的非理性操作依然通行。究其原因,科层式的侦查权力结构、公安机关的内部推动是控权功能发挥的主要原因,而控权功能发挥不足则与审核主体与监督对象的整体同质性、部分刑事司法政策等因素有关。

第八部分为结论。基于当下中国现实的政治结构与社会条件,通过上述章节的分析,笔者认为,在当下的中国语境和现有的中国权力控制形态下,侦查权力控制的科层制模式亦是一种相对合适可行的模式,在追求侦查权控制的司法模式并努力实现该模式所必备的前提条件、继续完善检察机关侦查监督制度的同时,可以以案件审核制度为重点,通过加强侦查权的内部制约,进一步强化对侦查权的控制,从而寻找到推进侦查法治化的另一种模式。在本部分,还提出了具体的完善路径,包括建立统一的案件审核制度,扩大案件审核的范围,进一步强化法制部门的审核权,改革现行审核程序、方式,完善现行审核责任机制,等等。

(二) 相关说明

为厘清本书的写作思路,在此着重交代以下方面的问题:

1. 关于案件审核的概念

根据《现代汉语词典》的解释，审核是指审查核定（多指书面材料或数字材料）。① 本书以公安机关刑事案件审核制度为研究对象，但是，案件审核并非法律术语，也没有法定的概念，学界和实务界对其定义亦不尽相同。具有代表性的定义如：

（1）案件审核，是指公安机关在办理各类案件过程中，由内部专门的审核机构或特定人员对办案单位拟采取的涉及公民重大人身、财产权益的执法措施、处理意见的合法性、合理性进行法律审查，以提高办案质量，维护执法公正的一项内部执法监督。②

（2）案件审核，是指公安机关的法制部门，对本机关所属业务部门和下级公安机关办理的案件，通过确定的工作程序，就案件本身事实是否清楚，所获证据是否确实、充分，办案程序是否合法以及相关执法行为的合法性和适当性等方面进行审查、核实，并依法提出工作指导意见和处理意见，而后向公安机关负责人汇报，由公安机关负责人依法审批决策的一道内部工作程序。③

（3）在公安部法制局主编的《公安法制系统基础业务大纲》中，对案件审核定义为：案件审核是指在规定的案件审核范围内，对本机关所属业务部门和下级公安机关办理的案件，通过一定工作程序，就立案、管辖是否合法，事实是否清楚，证据是否确实、充分，程序是否合法，处理是否适当，适用法律是否准确，法律文书是否规范、完备以及其他与案件质量有关事项进行审核，提出审核意见，报本级公安机关领导审批决定的内部工作程序。④

（4）公安机关案件审核是对公安机关各办案单位办理的案件的卷宗材料（包括法律文书和证据材料等）进行审查和核定的行为。公

---

① 参见中国社会科学院语言研究所词典编辑室：《现代汉语词典》，商务印书馆1978年版，第1011页。
② 参见缪建军：《试论公安机关的案件审核制度》，载《森林公安》2005年第3期。
③ 参见刘绍武主编：《公安法制业务研究》，群众出版社2004年版，第290—291页。
④ 参见公安部法制局编：《公安法制系统基础业务大纲》，第27页。

安机关在办理刑事案件过程中,从受理案件、立案、对犯罪嫌疑人采取强制措施和各种侦查措施,到最后侦查终结,承办民警在每一个环节均需将相关的案件材料先后报办案单位领导、分管局领导审批,而对其中的有些重要环节,如是否提请人民检察院批捕、是否结案等,则在报请分管局领导审批前,还得报专门的案件审核部门审核把关。①

从上述定义看,尽管对案件审核的表述不尽相同,定性也不尽一致,如有的认为是一种执法行为,有的则定性为一种工作程序,但反映在对案件审核的定义上都普遍认为具有以下基本特性:

(1) 审核对象是办理案件中(包括刑事、行政案件)涉及公民重大人身、财产权利的主要执法环节和执法行为。

(2) 审核内容主要针对执法行为的合法性、适当性进行审核,具体而言,是对案件的事实、证据、程序、法律手续以及处理决定等方面进行的全面审核。

(3) 审核时间在有关机关采取执法措施或实施执法行为之前进行,因此案件审核属于事前审查。

(4) 由专门的机构和人员进行的审查、核实。

(5) 必须遵循相对固定的工作程序和方法。

但是,对于专门机构指什么、审核包括哪些具体程序,上述定义的表述不一。而在实践中,对案件审核概念的使用更为宽泛,不仅仅指专门机构和人员进行的审核,还将所有在办案过程中涉及的有关人员进行的审查均纳入案件审核的范畴,从办案人员提出执法申请,到最终公安机关领导批准,实践中已经形成了多层级的审核体制(关于案件审核的层级将在第三章案件审核的程序中具体介绍),而这些含义在上述定义中又未予涉及。因此,为研究的规范和表述的统一,除了把握以上案件审核的基本特性外,本书在研究中所指的"案件审核"还从以下意义进行:

---

① 参见曹文安、陈茂华、钟明曦:《论公安机关案件审核模式之变革——以实现公安执法规范化建设目标为视角》,载《福建警察学院学报》2009年第5期。

（1）案件审核包括审核和审批两个方面。其中，审核是审查、核实；审批则指审查、批准，审核是审批的前提，审批是在有关人员审核的基础上，由公安机关负责人代表公安机关作出批准的决定。

（2）案件审核是一个层级化的体系和过程。本书不仅仅研究专门机构和专门人员的审核承办制度，还将考察从办案人员提出执法申请到公安机关负责人批准这一程序的全过程。但是，鉴于当下在案件审核中起关键作用的专门的审核机构是公安法制部门（关于公安法制部门的职责定位将在第二章中介绍），因此，研究中又以有关公安机关法制部门的案件审核制度、机制为重点展开。

2. 关于写作的切入点

本书主要研究公安机关刑事案件审核制度，即在办理刑事案件过程中对办案人员的侦查活动、执法行为进行审核。根据我国《刑事诉讼法》的规定，侦查活动包括依照法律开展的专门调查工作和采取的有关强制性措施，其中强制性措施又包括刑事强制措施和强制侦查措施等。对于上述哪些侦查活动必须纳入审核的对象，特别是纳入专门机构的审核，全国并未制定统一具体的规范，各地的要求也不完全一致。2006年公安部印发的《公安机关法制部门工作规范》规定，公安机关应当根据本地执法实际和保证执法质量的需要，确定公安法制部门的案件审核范围。之后，各地结合本地实际，确定了法制部门的审核范围，且审核范围呈不断扩大之势。而本书主要选取了对刑事拘留和提请逮捕这两种刑事强制措施的审核作为切入点。之所以作此选取，原因在于：

（1）在刑事审前程序中，限制人身自由强制措施的适用最能反映国家权力与公民个人自由权利之间的紧张冲突。其中，刑事拘留是侦查机关可以自行决定的最为严厉的强制措施，不仅导致被拘留人人身自由受到限制，而且在司法惯性的推动下可能产生更为严重的连锁强制措施或后续刑罚。逮捕则是《刑事诉讼法》规定的五种刑事强制措施中最为严厉的一种，对公民人身自由的强制程度也最高。在我国，逮捕不仅具有强制到案的作用，而且具有持续剥夺公民人身自由的作用。犯罪嫌疑人一旦被逮捕,面对的是相当长一段时间的羁押。

(2)相对于侦查措施,刑事强制措施特别是刑事拘留和提请逮捕,较早而且普遍纳入了公安法制部门的审核范围。因此,分析刑事拘留和提请逮捕审核制度的运作情况,特别是对比这两种强制程度不同措施在审核程序、要求、方式上的异同,能够比较真切地反映侦查权力内部控制的状况及其效果。

3. 有关调查样本及相关背景资料

(1)关于调查对象的背景情况

两个样本的基本情况如下:

A区公安分局现有民警1 100余人,内设15个部门,辖15个派出所;警力万人比约为8.5。辖区内社会治安形势复杂,流动人口较多,为维护社会治安稳定,经常开展打击入室盗窃犯罪、盗抢机动车犯罪、严重暴力犯罪等各项专项行动和集中清查娱乐场所、反恐防暴集中整治等活动。2011年破各类刑事案件2 900余起;打击处理2 000余人。B县公安局现有民警600余人,设17个直属机构、60余个中心派出所和乡派出所,警力万人比约为4。年平均破各类刑事案件1 200起左右;受理治安案件5 800起左右,查处5 100起左右。社会治安防控的重点主要在中心城区。

本书以A区公安分局和B县公安局为主要样本,但与之相关的上级公安机关E省公安厅、C市公安局、D市公安局也作为参照研究对象,相互关系如下图所示:

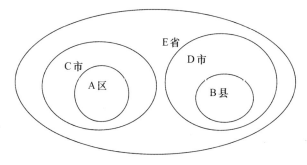

(2) 关于调查对象所在区域经济社会的基本情况

E 省地处中国西部,是西南、西北和中部地区的重要结合部,是承接华南华中、连接西南西北、沟通中亚、南亚、东南亚的重要交汇点和交通走廊,西部最大的物资集散地,是国家的资源大省、人口大省、经济大省。据有关资料显示,2013 年,E 省经济总量约为 26 260 亿,全省人均 GDP 约为 32 516 元,全年城镇居民人均可支配收入 22 368 元。

C 市系 E 省的省会城市,是国务院确定的西南地区科技、商贸、金融中心和交通、通信枢纽,同时也是西南地区的商贸、金融、科技中心和交通、通信枢纽。2013 年 C 市 GDP 约为 9 108 亿元,人均 GDP 约为 64 247 元。C 市经济发展在西部地区首屈一指,但在全国范围内位于中等水平的行政副省级城市。A 区位于 C 市的中心城区,经济较为发达,形成了电子信息、生物制药、机电一体化、新材料等高新技术支柱产业。

D 市是 E 省文化历史名城,"国家星火计划农村信息化试点市"和"省制造业信息化工程重点城市"。2013 年 GDP 约为 860 亿元,人均 GDP 约为 28 991 元。B 县以农业产业为主,工业基础初具规模,经济发展水平相对落后。

第二章　案件审核制度的发展演进

历史考察的功能共有两个：一是研究某一个制度从历史上演进到现在的过程。换言之，研究历史对现在的影响。二是研究活的历史。制度、规则往往存在于历史上，在今天则不复存续，但它的精神还存在。一些国家制度背后的理念绝对不会轻易退出历史舞台，它会继续在当今社会起关键作用。① 基于此，笔者对案件审核制度发展演进的考察，主要从新中国建立以来，特别是从 1979 年《刑事诉讼法》颁布实施以来展开。

1949 年以来，我国公安机关案件审核制度的形成发展大致可以分为两个阶段。1996 年《刑事诉讼法》颁布实施前，主要由预审部门承担案件审核把关的功能；之后，则以法制部门承担审核职能模式为主。当然，这种区分并非绝对，不仅实践与制度之间存在一定差距，而且在当下也很难说各地公安机关实际运作的案件审核制度完全相同。尽管如此，以相关法律规定、文献资料为基础，仍有可能结合一定范围内的制度实践进行一个大致的描绘。

---

① 参见陈瑞华：《社会学研究方法的引入和诉讼法研究方法的困惑》，载 http://www.procedurallaw.cn/xsda/xsjz/200807/t20080724_49293.html，最后访问日期：2014 年 5 月 15 日。

一、预审部门的审核

(一) 预审制度的发展演变

在我国,作为与侦查相关的预审在1931年即已提出①,随之,预审部门相继设立。新中国成立之后,预审制度的发展经历了以下三个阶段:

第一阶段为1949年到1965年。这是新中国社会主义预审制度建立、发展和完善的17年。其间,国家制定了单行的预审法规②,确定了预审工作的基本方针和原则③,健全了预审组织机构④,预审工作管理体系基本形成。第二阶段为1966年到1976年。在"文化大革命"期间,预审制度遭到全面破坏,预审机构随着"砸烂公检法"而被破坏,预审人员被遣散,预审程序荡然无存。第三阶段为1977年之后。伴随社会主义法制建设的进程,《中华人民共和国刑法》(以下简称《刑法》)《中华人民共和国刑事诉讼法》等法律相继颁布实施,预审制度

---

① 1931年颁布的《关于处理反革命案件和建立司法机关的暂行程序》,即《中华苏维埃共和国中央执行委员会训令(第六号)》,被认为是我国预审制度的萌芽。而新民主主义革命时期中华苏维埃政权制定的《审讯工作须知》及其拟定的《审讯术》,抗日战争时期根据地政权制定的《审讯工作基本条例》及其编写的《审讯学》等则作为预审制度进一步发展和健全的标志。参见宜伯主编:《预审学》,四川人民出版社1991年版,第24—25页。
② 1954年,为了贯彻第一届全国人民代表大会颁布的《中华人民共和国宪法》《逮捕拘留条例》等法律,公安部召开了第六次全国公安会议,制定了《关于逮捕及预审工作暂行条例(草案)》;1957年,又将《关于逮捕及预审工作暂行条例(草案)》修订为《预审工作守则》;1962年,在《预审工作守则》的基础上,又制定了《预审工作细则》和《看守所工作制度》。
③ 在公安部《预审工作守则》中,明确了预审工作应实事求是、不枉不纵的指导思想和重证据、不轻信口供的原则。
④ 1954年,公安部在《第六次全国公安会议决议》中提出,各级人民公安机关应逐步建立正规的预审制度,使全部预审程序都合乎法律的要求。1955年,公安部成立了预审局,负责中央直接管理案件的预审、案犯的看管和对全国预审看守工作的研究指导。1957年,全国地方各级公安机关也相继把原属于政保、治安部门的预审业务分离出来,并相应成立了管理预审工作的专门业务部门。

和预审工作也进入了迅速发展、日益完善的历史时期。1979年7月,公安部召开第三次全国预审工作会议,对1949年以来的预审制度和实践进行了全面总结回顾,重新修订了《预审工作规则》,完善了一批预审工作规章制度和预审文书,确立了"实事求是、重证据、重调查研究、严禁逼供信"的预审工作方针。预审部门也普遍得以恢复和健全,公安部恢复了预审局,各省、市、县级公安机关建立健全了预审机构,并调配、充实了预审办案人员。之后,预审部门和预审工作进入了快速发展时期。

E省预审工作的开展轨迹亦基本相同。1952年11月,E省公安厅成立时,下设执行处,执行处下设研究指导科、审讯科、狱政科及监狱。1953年9月,执行处改为预审科。1955年2月,根据《中华人民共和国逮捕拘留条例》和公安部制定的《关于逮捕及预审工作暂行条例(草案)》,为加强对预审工作的领导,E省省厅成立了预审处,之后,E省包括C市在内的市、州公安机关先后设立了预审处,部分专区公安处下设了预审科,绝大部分的县、市(区)公安局(分局)设立了预审股,预审干部得到充实。数据表明,全省预审干部从1955年前的264名充实到1957年初的662名。① "文化大革命"中,E省的预审工作同样遭到严重破坏。1967年,E省厅预审处被撤销。直至1972年E省公安局成立时,又恢复了预审处。1979年,E省召开第三次全省预审工作会议,重新统一了预审工作的范围、程序及方法,解决了依法办案、保证案件质量的一些原则、制度问题。从1980年起,全省实施《刑法》和《刑事诉讼法》,各级公安预审部门普遍按照规定的刑事诉讼程序,履行各种法律手续,制定各种法律文书,预审工作逐步纳入法制化、正规化的轨道。②

---

① 参见四川省地方志编纂委员会:《四川省志·公安·司法志》,四川人民出版社1997年版,第48页。
② 同上书,第50页。

(二) 预审部门的审核职能

尽管我国预审制度经历了较长的曲折发展过程,但无论是在新中国建立前还是建立后,作为"预审"一词所代表的中国式司法制度,其内涵并未得到权威与明确的解释,对预审的性质、职能、预审与侦查的关系、预审主体、预审客体、预审活动的内容等,理论界和实务部门都未能达成共识。关于预审的概念,有学者总结了近 30 种对预审概念的界定,还有学者对理论界提出的预审概念进行了不同分类。[①] 关于预审的性质界定、职能定位,学者众说纷纭,有代表性的如侦查继续说、专政说、审理和补充侦查双重职能说、证实犯罪说等。[②] 其中,不少学者认为,预审部门的职能之一是对案件进行审理、审核。[③]

笔者认为,无论从文本规定角度分析还是从实际操作层面考察,预审部门承担了案件审核的功能,当然,这并非预审部门的全部功能,甚至也不是主要功能。

1. 从文本规定看,预审的职能定位蕴含着对案件的审核把关

有关预审的规定在 1979 年《刑事诉讼法》、1979 年修订后的《预审工作规则》、1987 年《公安机关办理刑事案件程序规定》、1996 年《刑事诉讼法》和 2012 年《刑事诉讼法》中均有所体现。1979 年《刑事诉讼法》明确将预审职权赋予公安机关,该法第 3 条规定,"对刑事案件的侦查、拘留、预审,由公安机关负责",这是中华人民共和国成立后第一次从法律上确立预审的地位。根据 1979 年《预审工作规则》规定,预审工作的任务是:准确、及时地查明被告人的全部犯罪事实,追查其

---

① 参见毕惜茜主编:《预审学理论研究综述》,群众出版社 1998 年版,第 1—7 页、第 37 页。曹文安:《预审制度研究》,中国检察出版社 2006 年版,第 320—323 页。
② 参见曹文安:《预审制度研究》,中国检察出版社 2006 年版,第 324—326 页。
③ 参见云山城:《重构我国预审制度的思考》,载《公安大学学报》1995 年第 5 期;韩德明:《侦查与预审关系论纲》,载《江苏公安专科学校学报》1997 年第 4 期;刘方权:《侦审合并反思与预审制度的重构》,载郝宏奎主编:《侦查论坛》(第一卷),中国人民公安大学出版社 2002 年版;于树斌:《试论我国预审与侦查的关系——兼论预审在公安机关办理刑事案件中的地位和作用》,载《湖北警官学院学报》2005 年第 6 期。

他应当追究刑事责任的人;查明被告人有罪或者无罪,查明犯罪情节轻重;正确地认定犯罪性质,注意检验核实侦察所获得的罪证材料是否确凿,弥补和纠正侦察工作的疏忽和错误,以达到不放纵敌人,不冤枉好人的目的。1987年《公安机关办理刑事案件程序规定》第五章将侦查和预审并列,详细规定了预审工作的方式、方法,同时规定,案件经过预审,取得能够证实被告人有罪或者无罪以及犯罪情节轻重的各种证据,没有发现遗漏罪行和其他应当追究刑事责任的人,法律手续完备,应当及时结案。1996年《刑事诉讼法》第90条规定:"公安机关经过侦查,对有证据证明有犯罪事实的案件,应当进行预审,对收集、调取的证据材料予以核实。"据此规定,预审是公安机关在刑事案件侦查阶段的必经程序,而且其职责是对证据材料进行核实。2012年《刑事诉讼法》保留了此规定。上述规定表明,尽管预审作为侦查的深入和发展,其首要任务是为了准确、及时地查明案件的全部事实真相,是对侦查工作的重要补充。但是,在侦、审分离的体制下,预审并不完全等同于侦查,关于预审的立法意图比较明显,其潜在的目的在于通过对证据材料的核实,保障犯罪嫌疑人的合法权益。① 侦查是发现、查证犯罪事实,预审是对侦查的阶段性审查。从更深层次分析,预审应具有对侦查活动的程序、方法和结果进行审查、监督之性质。预审作用的对象既包括公安机关经过侦查,有证据证明犯罪事实的案件,还包括侦查活动的程序、方法、措施等②,即由预审部门对侦查机关的侦查活动进行内部的审核把关。因此,在学界和实务界,原来的预审部门,甚至有公安机关的"小检察院"一说。③

---

① 参见刘方权:《侦审合并反思与预审制度的重构》,载郝宏奎主编:《侦查论坛》(第一卷),中国人民公安大学出版社2002年版。
② 参见韩德明:《侦查与预审的关系》,载《江苏公安专科学校学报》1997年第4期。
③ 参见张月亭、薛宏伟:《预审是侦查活动中的子系统》,载《公安大学学报》1988年第2期。

2. 从侦查实践看,预审部门除继续侦查、深挖犯罪外,亦兼具审核把关的作用

在不同时期,特别是1979年《刑事诉讼法》颁布后,从公安部到省、市、县各级公安机关,在强调预审的继续侦查功能的同时,对预审的审核把关、预审的案件质量也提出了明确要求。1987年之后,各级预审部门还实行定人、定案、定时、定质量的工作目标管理责任制;1994年,进一步细化了目标管理措施,对预审案件采取以人定岗、以岗定责、以责定分、以分定绩、绩优受奖、绩差受罚的办法,促使预审办案质量的提高。以下摘录的是E省1955年、1965年、1979年、1991年、1995年制定的工作文件、召开的专门会议的有关内容,从中均体现公安机关不同时期对预审部门审核把关职能的关注与重视:

1955年《E省公安厅关于提高捕、审工作质量,建立与健全预审机构及加强审批案件工作的意见规定》规定:

> ……
>
> 严肃谨慎地开展预审工作。
>
> 预审工作人员必须严格遵照党的政策与国家法律,认认真真地审理案件,加强正面审讯与调查研究,彻底讯清一切案犯的罪恶事实。预审工作必须再三强调实事求是,分明是非,坚持"重证据、不轻信口供"的原则,坚决克服审讯中的主观主义及草率作风,严禁刑讯逼供,指名指事问供,防止冤枉好人或放纵敌人。
>
> ……
>
> 逮捕及处理案犯,除按照法律规定执行外,还必须填写《逮捕案犯批示表》及《处理案犯批示表》,遵照党内审批权限与手续,报请党委审查批准。
>
> ……
>
> 各级公安机关负责同志,应认真负责地对待审批逮捕及处理案件工作。为防止偏差,应严格控制审批工作,做好案件材料的审查工作,各级领导同志除注意检查外,并应经常教育具体办理

案件的同志，要他们实事求是地对全案材料进行细致的审阅，案犯的每一罪行特别是重要罪恶事实有无确切罪证、犯人是否供认，口供有无矛盾，与查证材料有无出入，均应对照、研究，然后肯定或否定。凡报批逮捕没有确切罪证，报批处理审讯不清，查证不实，缺乏确切罪证根据的与重大线索材料没有追清楚的或未按规定签批意见、盖章的，均应分别提出其存在问题后退回重审或补充查证，不能草率批准。

1965年《E省全省预审、看守工作会议纪要》规定：

侦察、预审必须分开。目前不少专区、县自侦自审，从侦察到结案起诉"一竿子插到底"的现象还比较普遍，这样不利于侦审互相制约。……预审部门是公安机关处理案件的最后一道工序，集中地体现了公安机关执行党的政策情况，因此，必须在受理案件、审讯犯人、结案处理三个环节上把好关口，保证办案质量。预审部门在受理案件时，遇到乱关、乱押，没有批准逮捕、拘留手续的案件，应报告领导，可不予受理。对预审终结的案件，要切实保证质量，认真把好最后一关。

建立统一审核机构。目前我省公安机关对报捕、报拘留的材料，仍由各主办部门直接报请领导审批，这种多头审批的办法，不利于发挥互相制约的作用，因此必须集中审批。

1979年8月，E省第三次全省预审工作会议文件总结道：

在会上，确立了"实事求是、重证据、重调查研究、严禁逼供信"的预审工作方针。进一步明确了预审是刑事诉讼中的一项重要司法制度，也是刑事诉讼中的一个重要环节，统一了预审工作的范围、程序及方法，解决了依法办案、保证案件质量的一些原则、制度问题。

1991年《E省部分省、市、自治区预审工作座谈会纪要》载明：

1988年1月至1991年9月，全省公安预审部门共审结逮捕案犯××万余名,审结率为94.8%,……比较好地发挥了继续侦查的职能作用。同时,充分发挥保护人民的职能,纠正了错拘、错捕案件。

……

在今后要着重抓好以下几项工作:抓好预审办案,要重质量、求速度、讲效果。重质量,要以抓好重大、特大案件的预审为重点,防错防漏,不枉不纵,并要深挖犯罪,扩大战果。要把好抓捕案件的审查关,从事实上和证据上审查人犯是否具备逮捕条件,为领导当好参谋。在结案阶段,要坚持分工负责、集体讨论、领导把关的制度,预审员要对案件事实、证据、可否结案负责,预审科(股)长要对案件的定罪定性、法律文书是否规范、符合要求负责,主管预审的局、处领导要对处理意见负责。

1995年,E省省公安厅厅长在某次省预审工作会议上指出:

我们预审部门这个关口到底是干什么的?预审的职责是干什么的?我们要使有罪的人受到法律追究,使无罪的人不受法律追究。……预审是公安机关最后一道工序,最后一道关卡,如果这道关卡卡不住、卡不好,就会影响整个公安工作。

以上工作要求在实际工作中得到一定程度的落实。这一结论来源于:

(1)相关数据资料。由于预审的主要职能定位为继续侦查,有关预审工作的统计数据更多的是关于预审审结案件、深挖案件的数量,而对审核把关的量化指标并不多。尽管如此,无论是公安部抑或E省的文件、总结以及其他文献中,均能查找到反映预审部门审核把关成效的相关数据。如:

公安部《预审工作简报》(1985年6月7日)第15期一篇题为"提高预审办案水平,保证无罪的人不受刑事追究"的文章中提及:1984年以来,通过预审办案,发现、防止了冤假错案××起××人,其中,拘留后无罪释放的××起××人,逮捕后无罪释放的××起××人,切实保障了人民民主权利。

1994年E省公安厅预审工作情况总结写道:1月至12月,预审部门共受理拘捕案犯×××××名,审结×××××名,审结率为97.1%。各地预审部门始终坚持"以事实为依据,以法律为准绳"的原则,牢固树立以质量为基础的办案指导思想,严把质量关。全省全年未发生一起冤假错案,在办案中纠正了冤假错案××起××人。

1995年E省公安厅预审工作情况总结写道:1月至12月,预审部门共受理拘捕案犯×××××名,审结×××××名,审结率为96.1%。各地预审部门把严格执法作为大事来抓,严把案件质量关。CQ市预审部门在审结移诉的××××名案犯中,无不诉不罚、撤案不当、退查后撤案的案犯,准确率达100%。预审正确撤案××起,执法把关效果突出。YB市全年通过预审,撤销案件释放×人,防止了冤假错案的发生。1995年全省预审部门在办案中纠正了冤假错案××起。

《E省公安志》写道:1991—1997年,全省预审部门通过预审程序纠正错案××起。

(2)访谈。与曾长期从事预审工作的人员访谈表明,预审部门在侦查部门移送刑事案件后,首先要查明案件是否属于法律规定的应交付预审的案件。① 受理后,一般会先阅卷,审查有关材料,在此基础上讯问人犯,核实犯罪事实情况。如有必要,还会采取询问证人、搜查、扣押物证、书证等侦查措施。通过收集和核实证据,查明案件的全部事实真相,并且达到法律规定的标准。审核的具体程序为:经过预审后,预审人员在《审核登记表》上提出审核意见,逐级向科领导汇报,最后报主管局长审批。遇有意见分歧的情形,采取集体会审的方式形成统一意见。因此,预审人员在预审中起到了把关的作用。一般而言,

---

① 根据公安部《预审工作规则》规定:"预审工作的范围,由拘留、逮捕人犯开始,经过审讯、搜集证据直至结束预审进行处理或移送人民检察院起诉为止。"因此,预审通常是在破案并抓获被告人,对被告人采取强制措施后才进行的活动。公安部1992年8月发出的《关于印发〈部分省、市、自治区预审工作座谈会纪要〉的通知》还专门规定:"预审部门今后要严格执行《预审工作规则》,只办理采取刑事强制措施和公安机关领导授权审查报捕的案件。"

在实践中,审核人员主要应该把好五关,即事实关(犯罪事实是否清楚)、证据关(收集的证据是否确实、充分)、定性关(审查被告人是否构成犯罪、犯什么罪)、执法关(办案是否合法、法律手续是否完备)和政策关(结合各时期的刑事政策审查处理意见是否正确)。

应当说,预审部门在一定程度上发挥了在公安机关内部把关、监督的作用。预审作为公安机关在刑事诉讼活动的最后一个阶段,无论从刑事拘留阶段参与刑事诉讼,还是在批准逮捕之后参与刑事诉讼,其主要任务均是运用侦查手段对原办案单位侦查中所收集、调取的各种证据材料进行证据复核,进一步认定犯罪事实,具有对刑事侦查工作进行全面审查把关和继续侦查的双重职能,与原侦查部门之间形成相互制约、相互监督的关系,确保办案质量以及打击力度。但是,从总体上看,预审的监督作用发挥有限。我国长期以来实行的"纠问式"侦查模式,使侦查机关以一种行政治罪的方式进行工作,而不是以诉讼的规格考量侦查活动,这都决定了我国的预审制度从其建立之初就摆脱不了作为侦查工具的命运。① 以追究犯罪嫌疑人的刑事责任为首要任务的制度宗旨,决定了我国的预审制度更多的是作为有效打击犯罪而不是控制侦查权力的重要程序。比如,在立法上,对于侦查部门非法取证的案件或者证据不全面、完备的案件,预审部门能否发回侦查部门重新侦查,有关法律、法规、规章和规范性文件均缺乏规定,更无明确具体的预审部门对侦查行为审核的制度规范。在实践中,因侦查部门证据收集不全而发回重新侦查的事例并不多见,同时,预审中也少有以侦查中非法取证为由而作出撤销案件的决定。②

---

① 参见刘方权:《侦审合并反思与预审制度的重构》,载《侦查论坛》(第一卷),中国人民公安大学出版社 2002 年版。
② 参见韩德明:《侦查与预审关系论纲》,载《江苏公安专科学校学报》1997 年第 4 期。

二、法制部门的审核

(一) 法制部门的发展演变

法制部门在公安机关内部是成立较晚的一个部门,普遍成立于20世纪70年代末80年代初。亦有成立时间较早的,如北京市公安局在1957年即率先在全国公安系统内设立了法制大队。①

法制部门的前身多为研究室、政策研究室,其职能定位大致分为以下两个阶段:

1. 定位为调查研究、法律咨询和法制宣传阶段

1979年,公安部将政策研究室改为法律政策研究室,迈出了专业法制队伍建设的第一步。1983年5月,中共中央中发[1983]23号文件批转公安部文件明确提出,公安部和省、自治区、直辖市以及大城市公安机关都要建立健全法律研究机构,开创了全国公安法制专业工作队伍从无到有、迅速发展的新局面。②根据此文件,1983年8月,公安部下发了《关于各级公安机关建立健全法律研究机构的通知》([83]公发研96号),要求各级公安机关均应建立法制研究机构,并将法制部门定位为调查研究、法律咨询服务以及法制宣传教育。

2. 定位为制定规范、执法监督和归口把关阶段

1986年5月,公安部根据国务院关于要适应改革和开放的形势,加速公安机关法制建设的要求,经部党组研究,决定将负责咨询、研究公安法规的法律政策研究室(局级单位),改名为法制司,作为制定法规、执法监督和归口把关的职能部门。1990年,全国公安法制工作会议召开,确立了法制机构的工作目标和职责任务,推动了全国公安法制队伍进入良性发展轨道。1994年,《国务院办公厅关于印发公安部

---

① 参见刘绍武主编:《公安法制业务研究》,群众出版社2004年版,第11页。
② 参见蒋安杰:《公安法制建设30年:迈向法治与公正——专访公安部法制局局长柯良栋》,载《法制日报》2008年12月28日,第7版。

职能配置、内设机构和人员编制方案的通知》(国办发[1994]45号)中规定,法制司的职责是指导公安法制建设的规划工作,审核、起草与公安工作有关的法律、法规、规章和规范性文件,指导地方公安法制建设工作,指导、监督、检查公安机关执法情况。2008年,国务院印发《关于规范公安机关人民警察职务序列的意见》,公安法制机构被列为执法勤务机构。之后,公安部法制部门的名称几经变化,各省公安法制部门名称也不尽统一。如公安部法制机构先后经过法制司、法制局的变迁;各省公安法制机构有的称法制办、有的称为法制处、有的则成立了法制总队。2008年3月,国务院曾下发文件,明确法制部门为公安机关内设执法勤务机构,实行队建制,但落实进度缓慢。① 2012年,为进一步加强法制工作,公安部制发了《关于进一步加强公安法制队伍履职能力建设的意见》(公通字[2012]36号),要求进一步规范法制部门机构设置,认真落实国务院办公厅关于规范公安机关人民警察职务序列的有关文件精神,统一法制机构名称,规范人员职务称谓,强力推进地方公安机关法制部门队建制改革。从全国来看,目前各级公安法制部门的名称仍未完全统一。尽管名称几经变化,但是从1986年以来,法制部门的主要职责和基本定位并未进行大的调整。

E省公安厅法制处成立于1990年11月,前身为法制宣传处,主要负责法制调研、法制宣传工作。之后,E省的市(地、州)和县级公安机关相继建立法制机构,承担地方公安法规规章起草、法规管理、监督指导公安执法和行政复议等法制业务工作。如C市公安局法制处成立于1990年,下设5个科室,之后为加强内部执法监督,又分别于1994年和1998年增设了执法监督科和审查一科。2012年,按照公安部的要求,E省公安厅法制处更名为法制总队。2013年,E省下发《关于进一步加强公安机关法制部门机构和队伍建设的建议意见》和《关于进

---

① 截至2011年底,全国省、市、县三级公安法制部门队建制改革完成率仅为28%,全国有16个省级公安法制部门完成队建制改革,完成率为50%。参见《公安部〈关于进一步加强公安法制队伍履职能力建设的意见〉解读》,载http://www.legaldaily.com.cn/index_article/content/2012-09/12/content_3838557.htm,最后访问日期:2014年5月15日。

一步加强公安法制队伍履职能力建设的实施意见》,要求按照公安部的规定实行队建制,2013年年底,包括C市、D市在内的大部分市都实行了队建制。如C市于2011年将市局法制处改为法制支队。2013年,全市所有区、市、县局的法制科(室),市局法制支队下设的科室均更名为大队。

（二）法制部门的审核职能

法制部门承担案件审核职能,经历了一个变化过程。自20世纪70年代末80年代初各地公安法制部门开始建立以来,由于各地的建设情况和进度不一,案件审核职能发挥的情况不尽相同。在80年代,根据公安部的规定,多数地方公安法制部门侧重于对劳动教养案件和重大行政案件进行审核把关。从90年代开始,法制部门陆续介入刑事案件的审核。

E省最早推行法制部门对刑事案件实行审核的是P市。P市在1988年将对刑事案件的审核把关权授予了法制部门。1991年,E省要求全省县级以上公安机关在实施执法监督中设立案件审核程序,规定刑事拘留案件统一由法制部门进行审核。1992年12月,在E省制定的《关于各级公安机关法制机构的职责范围的规定》中,又明确规定了市、地、州和县(市、区)两级公安机关法制机构的职责之一是对提请逮捕、刑事拘留案件进行审核。但上述要求各地落实、推行情况进展不一,在多数市、州并未得到有效遵循。到1996年,E省23个市、州中,仅有10个地区的刑事拘留、提请逮捕由法制部门审核办理。其余13个地区,有的拘留归侦查部门审核,有的逮捕由预审部门审核,呈现出多元化样态。

尽管在1990年全国公安法制工作会议上正式提出要在公安机关内部建立案件审核制度,各省公安法制部门也有制度实践,但法制部门普遍介入刑事案件的审核,是在1996年《刑事诉讼法》颁布实施之后。

1996年《刑事诉讼法》实施后,为适应新法的变化和要求,1997年,公安部在全国范围内推行了刑侦体制改革,即撤销预审部门,由原来的侦审分离改为侦审合并,将原来公安机关办理刑事案件分由刑侦和预审两个部门分阶段操作,变成由刑侦部门一个部门完成,整个刑事侦查工作由刑侦部门独立承担,从立案到侦查办案程序,采取强制措施直至移送检察院审查起诉一办到底。"侦审一体化"体制是对"侦审分离"体制的一次彻底"革命",因此被认为是我国刑侦体制改革历史上涉及面最广、力度最强的一次大胆尝试。① 从推行侦审合一的初衷看,主要出于以下几方面的考量:

(1)保证办案时效,提高侦查效率,以适应1996年《刑事诉讼法》的新变化。1997年4月29日,公安部在一篇题为《陶驷驹部长谈改革和加强侦查破案工作》的通报中指出,刑侦与预审部门的分立,人为地割裂了侦查破案的连续性。这一方面造成了刑侦与预审两个部门在工作衔接上的困难,另一方面容易造成两个部门责任不清和推诿扯皮,同时还容易造成重复劳动,影响办案效率。特别是新的《刑事诉讼法》取消了收容审查,放宽了逮捕条件,允许律师在侦查阶段介入,对办案时间和质量提出了更高的要求,侦、审分离的弊端就更突出了。② 因此,需要进行改革。

(2)提高侦查人员的素质。通过改革,进一步加强侦查队伍的专业化建设和侦查业务的规范化建设,激励侦查人员增强业务素质,提高办案水平,达到一专多能的要求,从而把刑侦队伍打造和建设成一支"政治强、业务精、作风正、执法严、特别能战斗的队伍"。③

(3)提高看守所的监管水平。侦、审分设时,预审部门承担着继续侦查和监管案犯的双重职责。实行侦审合一后,可以使监管部门把全部精力投入到对案犯的教育改造和看守所的建设、管理上,有利于监管部门提高监管水平,更好地保证看守所和案犯的安全,进一步提

---

① 参见鞠旭远:《关于我国现代刑事侦查体制改革的理性思考》,载《河北法学》2004年第11期。
② 参见云山城:《我国〈刑事诉讼法〉中"预审"问题研究》,载《贵州警官职业学院学报》2005年第3期。
③ 这是在1997年公安部在河北省石家庄市召开的全国刑事侦查工作会议上,在部署刑侦体制改革时,部党委对打造专业化刑侦队伍提出的要求。

高看管和改造质量。

撤销预审机构,实行"侦审合一",对当时的侦查实务产生了极大的影响①:

(1)侦审一体化使公安机关有刑事案件侦查权的部门均有权将刑事案件一办到底,但是,长期实行的侦审分离制度,造成侦查民警不熟悉预审,而预审民警不懂摸排破案的情况。这样的结构特点,难以保证刑事案件一办到底,在警力不足、办案任务繁重的情况下,往往出现案件因收集的证据不足,无法追究犯罪嫌疑人的刑事责任,也造成某些办案人员无力深挖犯罪,扩大侦查成果,难以保证办案质量和打击力度,使办案质量下滑。②

(2)侦审一体化改变了过去由预审部门统一把关向检察机关报捕、起诉的做法,造成公安机关承担刑事案件侦查职能的部门多头报捕、多头起诉,这对于统一报捕、起诉标准,加强与检察院之间的联系、沟通都十分不利。检察机关也希望有一个统一的出口。③

(3)随着侦查、预审的合并,原来存在于侦查、预审部门之间的制约、监督机制不复存在,所办案件在证据上、事实认定上、文书上的问题不断增多,案件质量一度下降,有的地方甚至出现退诉率达到40%

---

① 应该说,"侦审合一"不仅对侦查实践产生了影响,也在理论界引起了不小的争议。不仅在1996年前后,直至现在,关于探讨预审和侦查合一的文章和著作仍然很多。如曹文安:《预审制度研究》,中国检察出版社2006年版;周忠伟:《1997—2007:我国预审制度的变革及反思》,载《江西公安专科学校学报》2007年第6期;王册、许昆、宋家宁:《"侦审一体化"的理论与与实践》,载《公安大学学报》2000年第6期;孙文海:《论"侦审合一"》,载《侦查》1999年第3期;李欣:《从侦审改革困境看侦查监督权力的配置与优化》,载《福建警察学院学报》2011年第2期;李欣:《侦审体制改革以来我国侦查预审制度的调整与运行状况的考察》,载《北京人民警察学院学报》2009年第6期。

② 参见刘绍武主编:《公安法制业务研究》,群众出版社2004年版,第304—305页。

③ 根据1998年公安部制定的《公安部刑事案件管辖分工规定》(公通字〔1998〕80号),公安机关管辖刑事案件的部门主要有国内安全保卫、经济犯罪侦查、刑事侦查和禁毒部门,治安、边防、消防和交通管理部门管辖与其行政管理职责相关的部分刑事案件。根据侦审一体化的要求,这些侦查部门都有权把案件一办到底,有权向各自的主管行政首长报批案件,有权以公安局的名义直接向人民检察院提请批准逮捕和移送审查起诉。

的情况。① 1999年,全国法院共对不构成犯罪的5878名被告人宣告无罪,其中,依据法律直接认定无罪的达3403人;因证据不足,指控的犯罪不能成立,而认定无罪的达2475人。②

正是在此背景下,公安机关内部如何加强对案件的审核和监督,预审部门撤销后由何部门承担把关职能更为适当等问题,成为理论和实务界研究讨论的热点。③ 理论和实务界就此展开了许多探讨,也形成了不同的观点,如有的主张由公安法制部门承担审核职能,扩大案件审核范围,通过案件审核工作将公安机关刑事办案活动的全过程纳入法制部门的监督之下,将"事前监督"和"事中监督"落到实处;有的主张弱化法制部门的审核职能,强调法制部门的宏观监督职能,将案件审核的范围限制在"对疑难、有分歧、易出问题和各级公安机关决定需要专门监督的案件"。④ 实务中,也出现了不同模式,如由法制部门负责刑事案件审核;从各业务部门抽调人员组成案件审核中心,统一负责刑事案件审核;法制部门和有关业务单位分兵把守,各自承担一部分案件审核任务,等等。⑤

刑侦体制改革后,E省在1997年也先后召集基层刑侦、预审、治安、法制部门和基层派出所负责人,就刑事案件的审核问题召开专门座谈会,并向厅党委提交了《关于贯彻实施"两法"有关问题的论证报告》。报告在总结全省刑事案件审核情况基础上,分析了由法制部门承担审核职责的利弊,提出了由法制部门审核把关的倾向性意见。关

---

① 参见王渤:《预审制度与侦审一体化》,载《北京人民警察学院学报》2001年第2期。
② 参见鞠旭远:《关于我国现代刑事侦查体制改革的理性思考》,载《河北法学》2004年第11期。
③ 从实践中看,并非所有的地方都撤销了预审部门,亦存在几种变通模式,如有的继续独立保留预审机构和预审办案程序,侦查部门破案后统一交预审部门继续审理,统一收口;有的在刑侦队中设预审部门,负责强制措施的审批及逮捕后的案件处理工作等。参见李欣:《侦审体制改革以来我国侦查预审制度的调整与运行状况的考察》,载《北京人民警察学院学报》2009年第6期。
④ 刘绍武主编:《公安法制业务研究》,群众出版社2004年版,第301页。
⑤ 参见缪建军:《试论公安机关的案件审核制度》,载《森林公安》2005年第3期。

于刑事拘留、逮捕的审核办理问题,部分内容摘抄如下:

> 从目前我省法制部门承担审核办理的情况看,渠道是顺畅的,好处是明显的,有利于提高公安刑事执法水平,减少和防止冤假错案,有利于促使侦查部门将主要精力投入到侦查破案、深挖余罪等工作上,如果侦查部门既办案,又审核办理刑事拘留、逮捕,缺少监督制约机制,势必影响办案质量,法制部门审核把关,既能纠正执法中的错误,又能减少不必要的工作量。
>
> 部分地方认为,由法制部门进行审核,增加了环节,减少了侦查办案时间。这种观点是不正确的。公安机关办理刑事案件,内部有办案程序,既分工配合,又监督制约,从执法实践来看,并没有因为审核而延误了办案时间,相反,通过有效的审核,及时纠正错误拘留、错误逮捕,对不够拘留、逮捕的嫌疑人分流处理,减少了不必要的内耗,提高了办案效率。

之后,在 E 省公安厅、特别是省厅法制部门的强力推动下①,各级公安法制部门更多地介入刑事案件的审核。如 C 市,在 1998 年初实行了刑事案件的审核归口,将刑事案件中刑事拘留、提请批准逮捕、移送起诉等刑事案件的各个环节的审核工作均划归法制部门。为此,市局在法制处增设了审查一科,承担城区分局、业务处办理的三类案件的审核把关。各县(市、区)局、业务处、队的法制大队则承担一般刑事案件的审核把关。C 市公安局法制处还制定了《关于贯彻执行刑事诉讼法、刑法有关问题的通知》《关于侦审合一后办理刑事案件程序有关具体问题的通知》,并将对企业、法人的法定代表人采取或变更刑事拘留、取保候审、监视居住等强制措施和需要交纳、没收 3 万元以上保证金案件以及需要扣押企、事业单位 20 万元以上赃物的案件的审核、审

---

① E 省在 1999 年全省公安法制工作会议上,对法制部门开展案件审核工作特别是刑事案件审核工作进行了总结,并要求法制部门进一步充分运用案件审核,实施对各执法环节和过程的监督。

批权限均收归了市局。① 包括 A 区在内的 C 市所属的区市县,也先后承担起刑事案件审核职责。

至今,经过十余年的发展演变,法制部门审核案件的模式已经成为主流模式,并得到相关文件的认可,如《公安机关法制部门工作规范》等,均把包括刑事案件在内的案件审核工作作为法制部门的基本业务。② 当然,各地公安机关实际运作的样态并不完全一致,还存在其他的案件审核模式,呈现出多元化的格局:一些公安机关在刑侦部门设置预审支队或大队、中队或专职预审人员,负责案件的审核;少数公安机关始终没有实行侦审合一,仍然坚持侦审分开,如广东省广州市公安局预审监管支队、深圳市公安局预审监管支队以及广西壮族自治区南宁市公安局预审监管支队等;个别地方公安机关已经或正在恢复已撤销的独立预审机构③,如北京市公安局于 2005 年实行侦、审分开,成立独立预审部门。除了实践中呈现出的多元化特点,理论上的讨论也从未停止,不仅在 1997 年前后对此问题争论激烈,2005 年,《人民公安报》还组织了题为"预审应不应该设在法制大队室"的专题讨论④,也有学者对法制部门承担案件审核职能提出了质疑。⑤ 2014 年 12 月,在由中国人民公安大学和深圳市公安局主办的全国预审工作新机制研讨会上,与会代表围绕近年来新《刑事诉讼法》修改、实施以及办案科技化、信息化背景下预审定位、预审职能、预审办案机制等问题开展

---

① 随着时代的发展,不同层级法制部门的审核范围也在不断变化,如 C 市,目前对法人采取强制措施等已不需要报市局法制部门审核,而由县(市、区)公安法制部门负责审核。
② 如《公安机关法制部门工作规范》第 7 条规定关于县级公安机关法制部门的职责规定中,第 7 项为"依照规定对有关案件进行法律审核"。
③ 参见云山城:《我国〈刑事诉讼法〉中"预审"问题研究》,载《贵州警官职业学院学报》2005 年第 3 期。
④ 《预审应不应该设在法制大队室》,载《人民公安报》2005 年 10 月 13 日。
⑤ 如有学者认为,所有案件由法制部门审核,使得法制大队成了案件审核科,是越俎代庖,代替办案单位负责人和公安机关分管局领导行使审核职权,而且法制部门专门负责案件审核,必然导致案件自审自监。参见范琦武:《县级公安机关法制部门职能定位初探——以案件审核职能改革为背景分析》,载《福建公安高等专科学校学报》,2006 年第 5 期。

了研讨。① 尽管如此,据公安部法制局相关同志介绍,法制部门承担案件审核职能仍是目前案件审核的主要模式。而且为防止冤假错案,提高执法质量,公安部正在推动落实案件由法制部门统一审核、统一出口的机制。②

三、简要的比较

虽然以上只是对预审部门和法制部门承担刑事案件审核职能的发展演变过程作了大致勾勒,但还是可以就两个阶段、两个部门承担案件审核职责方面的差异,进行一个简要的比较。

(一) 部门的职责定位

新中国建立后,预审部门的职责可以界定为两大项:对刑事案件的预审、对案犯的羁押看管。根据有关规定,预审是侦查部门破案后,预审部门为查明案件事实真相,而依法采取讯问和查证等方式核实证据,并对案件进行终结处理的一项专门活动。就案件的预审而言,预审部门承担着审核把关和案件继续侦查的双重职能。法制部门职责定位则有别于预审部门,根据《公安部关于加强公安法制建设的决定》,公安法制机构是法制工作的综合职能部门,是内部执法监督工作的主管部门,同时承担办理劳动教养审批案件、行政复议案件、行政诉讼案件、国家赔偿案件等执法办案任务,在本级公安机关的领导和上级公安机关法制部门的指导下,对公安法制工作进行组织规划、指导协调、监督检查。就内部执法监督工作而言,主要职责是组织、实施、指导和协调内部执法监督工作,发现、纠正执法活动中的错误和问题,

---

① 参见陈善标:《全国预审工作新机制研讨会召开》,载 http://www.chinapeace.gov.cn/2015_01/15/content_11169270.html,最后访问日期:2015年5月23日。
② 参见王昊魁:《公安部:建设法治公安》,载 http://news.eastday.com/eastday/13news/auto/news/china/u7ai3645574_K4.html,转引自《光明日报》,最后访问日期:2015年5月23日。

检查、确认执法过错案件,提出处理意见。尽管预审部门不是侦查部门,在预审部门撤销前长期实行侦审分离,但其职责界定无疑使预审部门与侦查部门的联系更为紧密。预审部门的工作程序与前置的侦查部门的侦查程序同属于刑事诉讼侦查阶段的活动,从某种意义上说,预审工作是侦查工作的继续和发展。如在 1996 年修改《刑事诉讼法》的讨论中,有学者即提出侦查中已经包容了预审,二者不能并列。① 法制部门则完全不介入案件的具体侦查,其进行的案件审核也不是侦查的继续和发展,因此与侦查部门的关系松散且更为超脱,具有相对的独立性和中立性,更适宜承担对侦查权力控制和监督的职能。

(二) 审核的价值取向定位

一方面,基于预审部门和法制部门职责定位的差异,另一方面,更是源于两个阶段刑事诉讼价值观的调整,尽管两个部门均承担了案件审核的功能,但审核中所体现的价值取向存在差异。在预审部门审核阶段,我国奉行的是典型职权主义诉讼模式,不论在立法和司法中,都极其强调打击犯罪和保护社会②,反映在预审部门对案件的审核上,也更多体现出对打击犯罪的追求,比如根据规定,预审不仅要核实已经发现的罪行,还要深挖余罪,从某种意义上讲,预审是作为侦查的子系统而存在。而法制部门普遍介入刑事案件审核是在 1996 年《刑事诉讼法》颁布之后,尽管 1996 年《刑事诉讼法》以查明实体真实,有效打击犯罪为刑事诉讼旨归的基本理念没有根本改变③,但其对权利保障的关照仍然迈出了一大步。特别是随着依法治国进程的推进,司法实

---

① 参见崔敏:《中国刑事诉讼法的新发展——刑事诉讼法修改研讨的全面回顾》,中国人民公安大学出版社 1996 年版,第 36 页。
② 参见左卫民、龙宗智、吴卫军、冯军:《中国新刑事诉讼法的透析与前瞻》,载左卫民:《价值与结构——刑事程序的双重分析》,法律出版社 2003 年版,第 159 页。
③ 参见左卫民:《权利话语/实践的艰难展开:1996 年中国刑事诉讼法典修改的反思》,载左卫民:《价值与结构——刑事程序的双重分析》,法律出版社 2003 年版,第 191 页。

践对保障人权、权力监督的重视日益凸显,法制部门对案件进行审核不仅是犯罪控制的要求,更是从履行监督职能,保护犯罪嫌疑人权利的角度所作的考量,其核心问题是解决"踢球的人不能吹哨"这一关键问题,从而在制度上形成对办案人员权力行使的监督制约。① 从此意义上讲,法制部门的审核并非原有预审部门审核职能的简单替代,而是赋予了新的含义,具有新的价值。

(三)审核的具体方式

就具体的审核方式而言,区别亦是显见的,主要体现如下:

1. 介入案件的时间不同

1979年《预审工作规则》第3条规定:"预审工作的范围,由拘留、逮捕被告人开始,经过审讯、搜集证据,直至结束预审进行处理或移送人民检察院起诉为止。"1987年《公安机关办理刑事案件程序规定》第17条第2款规定:"破案后,应即依照有关规定,将被告人连同案卷材料、证据一并交付预审。"据此,预审部门从侦查部门破案、移交案卷材料后即介入案件,受理之后直至最终处理(移送检察院或作其他处理)均由预审部门办理。法制部门则只是对办理刑事案件中的重要环节和重要措施进行审核,如采取拘留、逮捕措施或移送起诉,等等,除对以上环节、措施的审核外,案件仍由侦查部门办理。

2. 采取的审核方式不同

预审部门除了审阅案卷,通常还会讯问被告人和调查取证,调查取证包括询问证人、被害人,搜查和扣押,鉴定、辨认等,侦查部门能够运用的所有查证手段预审部门都可以采取。其中,审阅案卷是前提,在熟悉材料的基础上,制定预审工作计划;讯问被告人和调查取证是预审的两项基本活动,也是每个案件必经的程序。正是在这一点上,体现出预审审核职能的特点,即审核方式与侦查权相纠结,相对于专门的侦查部门,尽管案件审核有一定控权作用,但在自我授权的前提

---

① 参见刘绍武主编:《公安法制业务研究》,群众出版社2004年版,第290页。

下,显然缺乏监督。而法制部门审核主要采取书面案卷审核的方式进行,常规情况下也不会采取侦查部门的调查、侦查手段,特别是搜查、鉴定、辨认等侦查措施(这将在下面章节中详细论述),侦查权与审核权实行完全分离。

(四)审核的规范程度

在预审部门审核阶段,尽管预审承担了部分案件审核的职能,但案件审核尚未作为一种制度予以确立。在 1994 年第一次全国公安法制工作会议上,公安部正式提出要在公安机关内部全面建立案件审核制度,由专门的审核部门—法制部门负责对案件的审核把关,这是关于案件审核制度的最早提法。之后,公安部、省、市甚至县级公安机关的一系列规范性文件中,都对案件审核的原则、程序、内容等进行了明确(这将在下面章节中进行介绍)。从公安部的层面看,1999 年,公安部颁布了《公安机关内部执法监督工作规定》,该规定第 7 条第 3 项和第 9 条,第一次通过部门规章的形式确立了案件审核制度,将其作为保障民警依法正确履行职责,防止、纠正违法和不当的执法行为,保护公民合法权益的重要内部监督制度加以规定。[①] 2006 年,公安部颁布的《公安机关法制部门工作规范》第 53 至 57 条,也专门对案件审核的范围、方式和处理程序等作出了规定。因此,从规范程度上讲,法制部门阶段的审核明显高于预审部门阶段的审核;从规范的操作层面上看,法制部门阶段的审核也比预审部门阶段的审核更为具体明晰。

---

① 《公安机关内部执法监督工作规定》第 7 条关于执法监督的方式中第 3 项规定:"对疑难、有分歧、易出问题和各级公安机关决定需要专门监督的案件,进行案件审核。"第 9 条规定:"对案件的审核可以采取阅卷审核方式进行,就案件的事实是否清楚,证据是否确凿、充分,定性是否准确,处理意见是否适当,适用法律是否正确,程序是否合法,法律文书是否规范、完备等内容进行审核,保障案件质量。"

第三章　案件审核的程序

法国学者塞尔杜在《日常生活的实践》中主张,对于社会生活和社会实践的研究,不应该只专注于社会实践和社会生活本身,而应该转向作为社会生活基础的社会过程,即一系列的"微小实践"(minor practice)。他认为,社会的"隐秘"往往就隐含于其中。① 为揭示案件审核机制的运作全貌,本章主要就案件审核机制中,专门审核部门——公安法制部门对刑事案件的受理、分配和审核环节作一介绍和考察。尽管这些只是看似细微的事务性操作,但是也直接关涉案件审核制度能否公正高效地运行,案件审核制度设计的预期目标能否实现。所以,有必要对上述环节进行考察。就受理环节而言,对于办案部门报送的案件,审核部门在何种条件下受理、如何受理案件,体现了审核部门的中立性程度与侦查权控制状况。如果审核部门不论任何条件,只要办案部门提出申请都毫无条件的、无一例外地受理,显然这在一定程度上表明其中立性不足,侦查权力控制职能较差。分配环节尽管更多体现的是审核部门内部对案件管理的问题,但不同的案件与不同的审核人员相结合,也可能产生不同的处理结果。所以,如何分配案件,对于实现案件审核制度的目标亦具有潜在的重要意义。而在审核环节,推行什么样的审核结构,对不符合规定条件、存在实体和程

---

① 参见孙立平:《现代化与社会转型》,北京大学出版社2005年版,第348页。

序问题的案件,审核人员会采取何种处理方式,也直接反映出案件审核中的权力控制力度。

一、受 理 环 节

(一) 文本规定

有关法制部门审核案件受理程序的文本规定主要体现在公安部、省、市公安机关制定的规范性文件中。有关内容摘抄如下:

公安部《公安机关法制部门工作规范》规定:

> 公安机关应当根据本地执法实际和保证执法质量的需要,确定公安法制部门的案件审核范围。公安法制部门应当建立健全对审核的案件进行登记管理制度和重大、疑难、复杂案件集体审议制度,落实工作责任,确保办案质量,有针对性地解决案件审核中发现的问题。①

E省2012年制定的《公安机关案件审核规定》规定:

> 案件审核部门或者案件审核人员接收执法部门移送审核的案件,应当通过执法办案系统审阅案件信息录入情况,属于审核范围、材料齐备的,应当接受并及时审核;属于审核范围,但材料不齐备的,应当退回执法部门。②

2010年《C市公安局刑事案件审核工作规范》第9条规定:

> 法制部门对于办案部门报送审核的案件,应当审查下列事项,属审核范围、材料齐备的,应当受理;材料不齐备的,应当在补

---

① 2006年,为进一步加强公安法制建设,规范公安法制部门的工作,发挥公安法制部门的职能作用,公安部制定了《公安机关法制部门工作规范》,共10章94条。
② 为规范法制部门的案件审核工作,早在2004年,E省就制定了《公安机关案件审核规则》,之后多次修订完善,2012年的规定共5章29条,对案件审核的定义和基本原则、范围和内容、程序和要求、过错责任追究等作出了明确具体的规定。

充后受理:(1)有呈报单位领导签字的呈批报告;(2)犯罪嫌疑人被羁押的,应当有羁押场所出具的提讯证;(3)案件符合办案时限规定;(4)随案移送的涉案扣押物品附有清单等相关文书;(5)实物证据应附有照片,注明保管的方式和地点,并办理相关交接手续;(6)附送视听资料证据的,应当书面说明其主要内容并附有播放程序;(7)提请逮捕、移送起诉的,按照有关规定装订案卷。

D市没有制定有关案件审核的专门性规范文件,在实际执法中遵照E省公安厅的规定执行。

上述规范表明,案件受理是法制部门在审核案件中的第一个环节,主要任务是对呈报的案件进行初步的审查。当然,这种审查并非实质审查,而是仅仅针对报送案件是否属于审核范围,以及是否具备相关材料的形式审核。

关于审核范围,从全国范围看,在法制部门承担审核职能之初,审核范围较为狭小,只是将侦查阶段的部分侦查行为如采取的部分强制措施纳入审核范围,之后范围不断扩大。如根据1999年《公安机关内部执法监督工作规定》(公安部令第40号)的规定,对疑难、有分歧、易出问题和各级公安机关决定需要专门监督的案件,才进行案件审核;2000年,公安部《关于加强公安法制建设的决定》中,提出要加强案件审核工作。2012年,公安部《关于进一步加强公安法制队伍履职能力建设的意见》中,明确要健全落实案件审核制度,要求各级公安机关要结合本地执法实际,进一步健全落实案件审核制度。对重大、敏感案件,法制部门要从受(立)案开始,加强对案件"入口""出口"等重点环节的法律审核,及时发现和纠正执法问题,确保案件事实清楚、证据确实充分、办案程序合法、法律适用正确。2013年,国务委员兼公安部部长郭声琨代表国务院在第十二届全国人民代表大会常务委员会第三次会议上所作的"关于公安机关执法规范化建设工作情况的报告"中指出,公安机关已经全面推行重大案件法制部门审核把关制度。① E省亦如此,在实行案件审核制度之初,除在全省确定了几种必须统一由法制部门审核的强制措施和侦查措施之外,其余由各地自行确定,而且,市、县不同级别公安法制部门承担的案件审核范围亦不相同。如 E 省 2004 年《公安机关案件审核规则》规定,在办理刑事案件中,拟以公安机关名义作出下列具体执法行为的,应交由本级公安机关法制部门审核:① 对犯罪嫌疑人刑事拘留、逮捕后释放或者变更为取保候审、监视居住的;② 没收取保候审保证金或者对保证人处以罚款的;③ 采取扣押重大财物、冻结刑事侦查措施的;④ 退还、返还重大涉案财物的;⑤ 撤销刑事案件的;⑥ 刑事案件重新计算侦查羁押期限的。

E 省 2012 年《公安机关案件审核规定》则扩大了审核范围,规定公安机关作出的以下刑事执法行为,均应由公安机关法制部门审核:① 不予立案的;② 对犯罪嫌疑人采取或者变更强制措施的;③ 没收保证金或者对保证人处以罚款的;④ 延长拘留期限、重新计算侦查羁押期限的;⑤ 采取扣押、冻结重大财物措施的;⑥ 提请批准逮捕、移送审查起诉的;⑦ 撤销案件的;⑧ 市、州公安机关和县级公安机关确定由法制部门审核的其他刑事执法行为。其中,"重大财物"的标准由各市、州公安机关根据本地实际确定。

在 A 区和 B 县,刑事拘留和提请逮捕这两种强制措施从实行案件审核制度之初就一直被纳入法制部门的审核范围。之所以如此,据 A 区公安分局法制大队大队长介绍,主要基于以下考虑:

(1) 刑事拘留和提请逮捕是侦查办案中运用最多也是最为普遍的两种刑事强制措施,绝大多数刑事案件都会对犯罪嫌疑人采取刑事拘留,这一情况在 2012 年《刑事诉讼法》修改前后并无较大变化。这两种刑事强制措施限制犯罪嫌疑人的人身自由强度大、时间长,若使

---

① 参见郭声琨:国务院《关于公安机关执法规范化建设工作情况的报告》,载 http://www.npc.gov.cn/npc/xinJen/jdgz/bgjy/2013-06/27/content_1798652.htm,最后访问日期:2015 年 5 月 25 日。

用不当,极易造成对公民人身权利的侵害。①

（2）由于刑事拘留和提请逮捕在实践中的适用量较大,比较容易出现问题,如刑事拘留、提请逮捕对象扩大化,对不符合条件的嫌疑人采取刑事拘留、提请逮捕等。

（3）提请逮捕的最终批捕权在检察机关,而检察机关掌握的批捕条件较为严格,因此公安机关内部必须按照检察机关掌握的批捕条件先行审核把关,以免案件报送到检察机关之后不能被批捕。

关于材料齐备,《公安机关法制部门工作规范》要求所报送的材料既要有实体性材料,即拟采取刑事强制措施或侦查措施的相关证据,也要有程序性材料。程序性材料又分为案件程序性材料（如相关法律文书）和工作程序性材料（如内部呈批报告等）。E省2012年《公安机关案件审核规定》还要求,除涉密案件外,执法部门在将案件呈报审核前,必须将全部案件材料录入执法办案系统。未将全部案件材料录入执法办案系统的,案件审核部门或者案件审核人员应当将案件退回执法部门不予受理。

（二）实践操作

实践考察发现,法制部门在受理环节的操作与文本规定基本一致。受访的法制部门审核人员表示,审核刑事拘留和提请逮捕申请时,受理是案件审核的第一步骤,通常按照以下顺序进行：

（1）确定管辖,即判明案件是否属于本级法制部门审核范围。各级法制部门除审核本级公安机关各部门办理的案件外,对一些特殊案

---

① 在公安机关办理刑事案件过程中,刑事拘留适用率普遍较高,而不仅仅是A区和B县。如孙长永、武小琳在东、中、西部三个基层法院对2012年《刑事诉讼法》实施以来判决的1881个案件、2458名被告人样本分析显示,被告人中刑事拘留率最高达到97%。参见孙长永、武小琳:《新〈刑事诉讼法〉实施前后刑事拘留适用的基本情况、变化及完善——基于东、中、西部三个基层法院判决样本的实证研究》,载《甘肃社会科学》2015年第1期。逮捕同样如此,据统计,我国2012年批捕普通刑事案件969905人,不批捕171456人,批捕率为84.98%。批捕率始终在高位运行。参见刘国付:《降低逮捕适用率的路径探讨》,载《山西政法管理干部学院学报》2014年第3期。

件、重要环节的审核还有特殊的规定。如 C 市规定,各分县局逮捕后变更强制措施的,应报市局法制支队审核。

(2)审查材料。主要包括两部分:一是审查是否具备《呈请刑事拘留报告书》或《呈请提请批捕报告书》,报告书上有关人员是否签署意见;二是审查是否具备基本的法律文书和证据材料等。

据两地公安法制部门介绍,长期以来,报送审核的案件都采取纸质案卷形式。近年来公安机关推进信息化建设,案件网上办理是其中的重要内容,要求除涉密的案件外,其他案件的材料都在网上流转。E 省也大力推行网上办案单轨制,专门开发了警务综合平台案(事)件系统,制定了《案件网上办理管理办法》,规定全省各级公安机关办理的各类刑事、行政案件必须在案(事)件系统中全程办理和流转。在未实行案件网上办理之前,审核人员在受理刑事拘留和提请逮捕的申请时所审查的材料各有侧重,提请逮捕的案件除法律文书和证据材料外,特别对案卷形式等提出了更为严格的要求——必须具备相关的程序材料和较为规范的装卷等。如对于卷宗,B 县要求即便没有规范的卷宗,案件也应有相应的目录,且应按照规定顺序装订。对于程序材料,如果犯罪嫌疑人已经被刑事拘留的,相关法律文书应附于卷内。A 区从 2009 年 8 月起,为防止办案人员刑讯逼供、违法取证,就要求办案部门报送侦查人员讯问犯罪嫌疑人的录像光盘。[①] 实行案件网上办理之后,B 县在审核提请批捕案件时不再要求报送纸质卷宗,A 区则要求在网上上传有关材料的同时,仍然需要报送纸质材料到法制大队。

法制部门之所以在受理案件时要求进行形式上的审查,除相应的规章制度规定外,还有着更为现实而直接的原因,即区分和明晰责任。和全国其他省份推行的案件审核分级把关制度一样,E 省目前实行案

---

① 2009 年,A 区公安分局下发《关于报送案卷须送交讯问光盘的通知》,要求办案单位对犯罪嫌疑人进行讯问时必须制作录像光盘。光盘制作要按照证据的调取和制作方式。办案人员在报送提请逮捕案卷时,必须将讯问犯罪嫌疑人时制作的光盘一并移送法制大队审核人员;审核人员经审核无问题后,将光盘退还给办案人员,由办案人员存于侦查卷备查。

件审核四级审核把关制度(这将在本章下文予以介绍),按照规定,每一层级审核人员均担负有相应的审核责任,其中专门审核机构——法制部门处于层级的第三层,因此,在受理刑事拘留和提请批捕时,要求前两级审核主体必须进行审核,并逐级在《呈请刑事拘留报告书》或《呈请提请批捕报告书》上签署意见,由此产生不同层级相应的责任。通过逐级签署意见,明晰责任,避免今后因责任不明而发生不必要的矛盾和争执,导致追责困难。

对于不符合受理条件、未能通过形式审查的案件如何处理,公安部规定未予明确。E 省 2012 年《公安机关案件审核规定》中规定:"属于审核范围但材料不齐备的,应当退回执法部门。"C 市对此予以明确,材料不齐备的,应当在补充之后受理。

实际操作中,两地基本一致,但也存在一定差异。对于明显不属于本级法制部门审核范围的案件,两地均直接退回提出申请的办案人员。对于"材料不齐备"的案件,则视情而定(A 区也并未严格按照 C 市的规定执行),分别采取以下方式:

(1)缺乏《呈请刑事拘留报告书》《呈请提请逮捕报告书》的,两地均会退回。因为报告书是内部审批签字的必备文书,也是出具对外法律文书的基础,从办案人员到局领导,每一层级的意见均要在报告书中予以反映。缺乏报告书,一方面无法反映前面层级审核人员的意见,另一方面法制部门的意见也无法记录。

(2)《呈请报告书》有关办案人员和审核人员未签署意见的,两地一般也会把案件退回,要求补签。E 省《案件网上办理管理办法》中,要求各级公安机关应当根据提高执法质量的需要,在执法办案系统中确定审核层级、设定审核程序。因此,如果在网上缺少前一层级的签署意见,审核程序就无法进行下去,只能将案件退回补充完善手续。但是,在没有完全实行案件网上流转之前,两地都不排除个别紧急情况下(如呈报刑事拘留时,若退回签字后再呈报,办案时间会超期等),法制审核人员会在打电话确认审核人员的意见后受理,并要求有关人员补签。实践中,法制部门不受理的情况比较少,绝大多数案件都能通过审查,因为对于哪些情形需要呈报法制部门审核,呈报时应当具备哪些材料,法制部门均有明文规定和明确要求,也事先告知了办案部门,办案人员在日常实践中对有关规定要求较为清楚。

二、分 配 环 节

(一) 实践中的分配模式

关于如何分配案件,有关规范性文件较少涉及,公安部有关案件审核的规定也未予明确。2012 年,E 省制发了《公安机关案件审核规定》,要求呈报审核的案件一般应当在两个工作日内审核完毕,重大、疑难、复杂案件应当在 5 个工作日内审核完毕。需要紧急作出处理的案件,应当做到随送随审;C 市公安局也在其《刑事案件审核工作规范》中规定,法制部门应当在受理案件的当日确定审核人员,按照不同的内容和要求,对案件进行全面审查、核实。这些规定对案件分配的及时性提出了要求,但对如何确定审核人员、如何分配案件未予以明确。

在实践中,案件分配主要根据法制部门内部的一些成文或不成文的操作惯例完成。对两地调研发现,针对刑事拘留和提请逮捕这两种不同强制措施,法制部门受理案件时的分配方式有所不同。主要有以下几种模式:

1. 随机模式

主要体现在对刑事拘留申请的审核上。对刑事拘留的审核,A 区规定直接由法制大队值班民警受理审核。[①] B 县则区分白天和晚上两种情况,白天由案件审核组的两名民警接受案件,晚上则由值班民警受案,以保证案件随到随审。此外,B 县对提请逮捕案件的审核亦采

[①] 由于办案人员随时可能提出审核申请,特别是刑事拘留,因此目前市、县两级公安法制部门均实行值班制度,值班民警 24 小时在岗,保证案件随到随审。通常情况下,值班民警由法制部门所有民警轮流担任。

此模式,与审核刑事拘留略微不同的是,值班民警不再受理,而是由案件审核组的民警随机在网上接受案件。① 据 B 县法制大队大队长介绍,在未实行案件网上办理之前,尽管也是随机确定审核民警,报送案件的办案人员可向审核组的任何一位民警提出申请,但办案人员有时具有选择权,通常情况下办案人员会选择此前曾审核过该案申请刑事拘留措施的审核民警。办案人员之所以作此选择,主要是认为该审核民警已经熟悉案件的前期情况,在审核时也更具针对性,更容易把握审核重点,可以节约审核时间,提高审核效率。

2. 区域管辖模式

在对申请提请逮捕案件的受理上,A 区实行片区联系(责任)制度,即将 A 区管辖的区域划分为若干更小的区域,每一区域由 1 名审核组成员固定负责该片区内提请批捕案件的审查。据介绍,采取片区管辖模式的原因在于:

(1)增强审核人员责任。按照 A 区法制部门职责规定,审核人员实行办案质量包片制,不仅负有审核案件职责,还兼具指导办案人员办案、提高办案人员法律素质和水平的责任,审核人员固定包片,有利于定岗定责,对片区内的执法问题掌握比较清楚,便于有针对性地开展指导工作。

(2)提高案件审查效率。固定的审核人员负责固定片区案件的审核,一方面,其对该区域的各种社会结构人员组成、社会治安状况等情况更为熟悉;另一方面,其与该区域的侦查人员能够建立一种比较密切的私人关系,有利于在审核过程中与侦查人员的沟通与协调,从而提高案件审核的效率。

3. 指定模式

由局领导或法制部门负责人指定人员审核。指定审核模式是主

---

① 据 B 县公安局法制大队大队长介绍,曾经尝试实行审核指定受理案件,即原来哪位民警审核刑事拘留的案件,该案件提请逮捕时也由谁负责审核,这样可以节省审核时间。但后来认为,此模式不现实,而未推行。因为审核民警不可能随时都在办公室,如果非要等原来审核刑事拘留的民警来审核提请逮捕,有时反而会影响效率,所以最终未能形成制度规范。

要基于案件的特殊情况及特别因素所作的考量。这种模式由公安机关内部管理体制所决定。按照公安机关内部管理体制，案件分配的决定权一般属于部门负责人。在指定人员审核时，通常基于以下几种因素：

（1）案件受更高权力的关注程度。实践中，部分案件由于某种原因受到当地党委政府、上级公安机关或者社会舆论、群众的关注度较高，为保证案件处理达到应有的社会效果和政治效果，往往会直接指定特定的人员来承办。访谈表明，对上级公安机关交办、督办以及当地党委政府重视的案件，一般不会按照随机分配的原则来分配，而是直接指定法律水平较高、经验丰富或者有一定职务的人员进行审核。如在 B 县，这类案件通常情况下局领导会要求法制大队大队长或副大队长亲自审核。

（2）案件本身的难易复杂程度或特殊性。如重大疑难案件、经济犯罪案件、吸贩毒案件等，对证据的把握认定相对困难，法制部门负责人会安排有经验的审核人员审核，以确保审核质量。

（3）审核人员承担的案件数量或特殊情况。如果某一个审核人员在一段时期内承担的审核任务较重，或审核人员休假等，法制部门负责人亦会安排其他审核人员接受案件，一方面分担审核压力，另一方面保证案件及时审核。

当然，上述三种模式并非一成不变地单一运用，很多情况下是综合应用，即结合案件的性质、涉案犯罪嫌疑人数量、案件繁简难易程度，同时考虑审核人员的个人能力、所学专业、办案特点等因素，将上述几种分配模式综合交叉使用。访谈表明，随机模式和既定的区域管辖是案件分配模式的主体，指定模式则属例外情形。据 B 县公安局法制大队大队长介绍，指定审核每年约占 5% 的比例。在 A 区指定审核的情形更少，一位审核人员谈到，从 2006 年工作至今，他接受法制部门领导指定审核的只有一件涉及国家秘密的案件。但是，两地都谈到，对于部分重大疑难案件，局领导很多时候会让法制部门的同志提前介入,参与案件办理,审核把关,其实质是变相指定审核。①

考察还表明,在案件分配过程中,尽管法制部门的负责人是案件分配的决定者,可以决定分配的原则、模式、程序等等,也可以直接指定某一审核人员办理某个案子(当然,局领导也有此权力)。但在具体的案件分配中,这些权力主体一般不会直接卷入某个案件的具体分配中,大多只是对案件分配的原则、模式、标准以及对案件分配进行协调(比如指定某个案子由某人办理)。之所以如此,一方面是因为分配的原则、模式等一旦确定,在实践中就会形成一种自动运转的案件分配程序,并不需要权力的过多干预——某种程度上也不允许权力随意干预;另一方面,案件分配的总原则是以随机性为前提,如果审核人员对案件的分配状况不存在异议,自然也不需要过多的权力干预。

(二)分配模式体现的分配原则

分析以上案件分配模式,总体上讲,法制部门在案件分配上遵循着一定的原则,主要体现为公正原则和效率原则。

1. 公正原则

正义是"社会制度的首要价值,正像真理是思想的首要价值一样"。② 在当下法制部门对审核案件的分配上,体现了公平正义原则。这可以从以下两个角度进行分析:

(1)从犯罪嫌疑人角度看,尽管每个人都有权利要求自己在所涉及的案件中受到同等对待和处理,但由于不同的案件审核人员在法律修养、个人能力、时间精力等方面存在差异,不同案件由不同审核人员办理,结果可能相去甚远。因此,从理论上讲,案件的分配模式应该采取随机性机制,即便审核人员彼此差异很大,但如果所有案件都是随

---

① 法制部门提前介入重大疑难案件的做法在实践中较为普遍。提前介入的目的是为案件的侦办提供法律意见和帮助,常见方式如参加案情分析、帮助确定侦查调查提纲和取证方向等,有的甚至与侦查人员一道参与办案。

② 〔美〕罗尔斯:《正义论》,何怀宏、何包钢、廖申白译,中国社会科学出版社1988年版,第1页。

机的,或者按照某个预设的标准随机性地分配给某一个审核人员,并以此保证审核人员审查某个案件的不可预知性,从长期和整体上看,不同审核人员办理某个案件的概率是一样的——这种方式将从宏观上保证案件处理的"同等质量"。两地对案件分配主要采取随机模式,除某些特殊案件之外,案件与审核人员结合方式上是平等的,可以从宏观上保证案件的公正处理,所以,对犯罪嫌疑人而言是相对公平的,有利于保障当事人的合法权益。

(2)从受理案件的审核人员角度看,无论是哪一种分配模式,在具体实践操作中,都会以大体上保证审核人员案件处理数量的平衡为原则,可以避免在审核人员的内部管理上因案件负担轻重不一而出现争议和矛盾。

2. 效率原则

"公正在法律中的第二意义就是效益。"[1]案件分配除了要保证案件处理的公正以外,还必须考虑相应的司法成本和效率,以尽可能小的成本获得较大的成绩。显然,在案件分配中也体现了这一原则。两地实行的随机模式、案件随到随审不仅使不同审核人员之间案件负担基本保持平衡,同时也可以避免案件的积压。此外,A区对审核提请批捕案件实行的区域管辖模式,也是从节约资源,缩短审查时间,提高案件审查效率角度所作出的考量。

三、审核环节

(一)审核的层级

如前所述,E省实行案件四级审核制,从办案人员提出申请,到局

---

[1] 〔美〕波斯纳:《法律的经济分析》,蒋兆康译,中国大百科全书出版社1997年版,第25页。

领导最终审批,其间存在着多层级的审核,而专业审核部门——法制部门居于其中的一个层级。为清晰了解法制部门在审核层级中所处地位,笔者在此对四级审核层级作一介绍。

1996 年的《刑事诉讼法》并未明确规定刑事拘留和提请逮捕的审核程序,如对刑事拘留只规定"公安机关拘留人的时候,必须出示拘留证"。1998 年的《公安机关办理刑事案件程序规定》,将内部的审核审批程序具体化,其第 106 条规定:"拘留犯罪嫌疑人,应当填写《呈请拘留报告书》,经县级以上公安机关负责人批准,签发《拘留证》。"同样,对于提请逮捕,其第 117 条规定:"需要提请批准逮捕犯罪嫌疑人的,应当经县级以上公安机关负责人批准,制作《提请批准逮捕书》一式三份,连同案卷材料、证据,一并移送同级人民检察院审查。"据此,刑事拘留和提请逮捕的内部审批程序须有承办人提出申请和公安机关负责人批准两个环节。

1996 年《刑事诉讼法》出台后,公安部于 1997 年下发了《公安机关办理刑事案件法律文书格式》,其中专门设计了《呈请＿＿＿报告书》的格式,并明确它是公安机关办理刑事案件过程中,对拟进行的有关诉讼行为呈请领导审批时使用的文书,属于内部使用的审批性文书。① 在文书格式设计上,除有领导批示栏外,还设置了审核意见栏,该栏要求有关部门负责人签署意见。在 1996 年《刑事诉讼法》施行之初,主要由办案部门负责人签署审核意见,确认了办案部门负责人的审核层级,在公安机关负责人批准前,首先应由办案部门负责人进行审核。

2012 年《刑事诉讼法》实施后,公安部重新修订下发了《公安机关

---

① 参见罗峰主编:《公安机关刑事法律文书制作与范例》,中国人民公安大学出版社 2003 年版,第 376 页。2002 年,公安部对《公安机关办理刑事案件法律文书格式》进行了修订;2012 年,为配合新《刑事诉讼法》的实施,公安部又印发了《公安机关办理刑事案件法律文书式样》(2012 年版),从 2013 年 1 月 1 日起启用。

办理刑事案件法律文书式样(2012 年版)》,其中《呈请_____报告书》的格式为：

表 3-1　呈请_____报告书格式

领导批示	
审核意见	
办案单位意见	
呈请_____报告书	

　　法制部门逐步介入刑事案件的审核后,2004 年,E 省公安厅制发了《公安机关案件审核规则》,根据该规则第 2 项的规定,拟以公安机关名义对犯罪嫌疑人进行拘留或提请逮捕的,应交由本级公安机关法制部门审核。由此,在办案部门负责人审核和公安机关负责人审批的环节之间,嵌入了法制部门的审核环节,在 E 省,刑事拘留和提请批捕的审批程序也被改造为"三级审核"。①

　　从 20 世纪末开始,为防止执法偏差,加强执法监督管理,提高公

---

① 应该说从制度层面,在 E 省统一要求并规范公安法制部门介入刑事案件审核是在 2004 年,但在实践中却早于此,如导言所述,E 省部分公安机关法制部门早在 1997 年即介入了刑事案件的审核。

安执法质量,全国各地逐步试行法制员制度,即在具有执法职责的单位设置专职或兼职的法制工作人员,专门对本单位的执法工作实施监督、指导、服务,提出了改进意见和建议。从规范的角度,2000年,公安部印发了《关于加强公安法制建设的决定》,首次提出在地方公安机关设立法制员。2006年,公安部印发的《公安机关法制部门工作规范》《关于进一步提高公安队伍法律素质的指导意见》中,明确要求在基层执法单位设立法制员。近年来,随着执法规范化建设的推进,公安部对法制员建设明显加强,2010年专门出台了《关于县级公安机关建立完善法制员制度的意见》(公通字[2010]53号),要求县级公安机关应当在执法办案任务重的执法勤务机构和派出所派驻或者配备专职法制员,其他执法勤务机构和派出所应当由教导员或副职领导兼任法制员,法制员要作为基层执法办案的"质检员",在刑警队、治安队、交警队、派出所等单位,对办理的案件严格进行审核把关,起到筑牢、保障、规范执法第一道防线的重要作用。据统计,截至2013年底,全国公安机关在一线执法单位派驻或配备专兼职法制员10万余人,95%的县级公安机关执法勤务机构和98%的派出所均配备了法制员。① 目前,法制员主要存在专职、兼职、派驻三种形式。为提高法制员的业务能力和专业化水平,公安部还从2012年11月起,在全国公安机关组织开展了法制员业务技能竞赛活动。竞赛分两个阶段进行,2013年上半年前,由各省级公安机关组织举办本省(区、市)公安机关法制员业务技能竞赛,选拔出本省(区、市)优秀法制员选手参加下半年由公安部组织举办的全国公安机关法制员业务技能竞赛。②

E省早在2007年就制定了《公安机关法制员选任管理办法》,规定市、县两级公安机关执法部门未建立法制机构的,应当配备专职或

---

① 参见李恩树:《公安机关一线执法单位法制员达10万余人》,载http://www.legaldaily.com.cn/Police/content/201,最后访问时间:2014年6月15日。
② 参见全国公安部法制员业务技能竞赛筹委会:《全国公安机关法制员业务技能竞赛》,载http://tv.cpd.com.cn/n15663549/n18470254/index.html,最后访问时间:2014年6月15日。

兼职法制员。2010年,重新修订了《公安机关法制员选任管理办法》,要求全省县级公安机关应当逐步推行法制员派驻制,选任法制员。D市和B县也根据E省的规定,制定了相应的法制员管理办法。目前A区和B县均实行了兼职法制员制度。如B县规定在刑侦、禁毒、交警等具有执法办案职能的部门应配备两名以上的法制员,派出所应当配备1名法制员。

根据规定,法制员主要是在执法规范化建设中,承担案件审核、执法监督、提供执法指导和法律服务等职责。其中,案件审核是重要职责。在办案单位负责人审核之前,法制员应对所在单位办理的案件进行法律审核,并提出书面审核意见。由此,刑事拘留和提请批捕的审核程序被改造为"四级审核":

办案人员提出申请 → 办案单位法制员审核 → 办案单位负责人审核 →

法制部门审核 → 公安机关负责人审批

当然,上述四级审核制仅仅是一个常态的和基础的模式,实践中也存在着例外。如考察发现,对刑事拘留和提请逮捕的审核,A区和B县就呈现出细微差异。对刑事拘留的审核,两地均遵循四级审核原则,而对提请逮捕的审核,A区在法制部门审核环节又细分为两个层级:法制民警审核后,须报送法制大队领导审核,由法制大队领导签署意见,再报局领导审批。审核层级实质变为"五级审核",即:办案人员提出申请→办案部门法制员审核→办案部门负责人审核→法制部门民警审核→法制部门领导审核→局领导审批。之所以对提请逮捕增加审核层级,审核人员谈及,逮捕是我国《刑事诉讼法》规定的最为严厉的刑事强制措施,逮捕条件的要求相对严格,实践中也容易出现问题,且逮捕与否的决定权在检察机关,因此对逮捕的证据要求、对是否有逮捕必要的把握应当更为慎重,增加审核层级,可避免因为审核民警个人的原因(如水平高低、个人意志等)影响案件审核质量,有利于案件的公正处理。

根据有关规定和实践,上述四级审核作为较为严格的层级制,主要体现在以下两个方面：

（1）后一层级审核以前一层级审核为前提，遵循固定的审核顺序。前一级审核是后一级审核的基础和必经程序，不经过前一级审核程序，就无法进入后一级审核审批程序。在这种权力结构中，侦查人员的申请必须逐级进行，不得越级上报，否则，上级审核人员有权否定申请。例如，E省在2012年《公安机关案件审核规定》中明确，依法应当由县级以上公安机关决定作出的具体执法行为，必须经案件审核部门或者案件审核人员逐级审核后，报案件审批人员作出决定。① E省2010年《公安机关法制员选任管理办法》规定，派驻单位办理的刑事案件，未经法制员审核并签注意见的，法制部门不得审核，公安机关负责人或者执法部门负责人不得审批。《C市公安局刑事案件审核工作规范》规定，办案部门报送法制部门审核的案件，必须有呈报单位领导签字的呈批报告。B县制定了《法制员制度实施办法》，部门法制员没有提出书面审核意见，案件不得进入下一个审核环节。实践考察也证明，在通常情况下，层级制得到了较好的遵循。两地的分管局领导更是明确表示，所有需要法制部门审核的案件，如果没有法制部门审核人员的签字，局领导无一例外不会审批。

（2）后一层级审核人员有权否定前一层级审核人员的审核意见，权力来自最上方，沿着审核的等级序列向下流动。对上级审核人员的审核决定，提出申请的侦查人员和下一级审核人员只能服从，而最终的审核审批权在局领导。如《A区公安分局法制民警岗位绩效考核实施办法》中就明确规定分局领导在案件审批过程中，认为对不符合证据要求的案件，责令退查的，应予执行。当然，访谈中不同层级的审核人员均谈及，如果不同层级审核人员的意见不一致，后一层级通常不会轻易否定前一层级的意见，而是采取集体研究的方式，以期统一意见，达成共识（集体研究的具体内容程序将在下面的章节中讨论）。

---

① 据E省公安厅法制部门有关人员解释，这里的审批人员指局领导，而案件审核人员既包括办案单位的法制员、办案单位负责人，也包括法制部门的审核人员。

(二）法制部门审核的处理程序①

法制部门审核后，针对案件审核的不同情况如何处理，公安部、E省和D市、C市和A区均作出了规定。摘抄如下：

公安部《公安机关法制部门工作规范》第57条规定：

> 公安法制部门审核案件后，应当根据不同情况，分别作出如下处理:(1) 案件事实清楚、证据确实充分、定性准确、处理意见适当、适用法律正确、程序合法、法律文书完备的，签署审核意见，报本级公安机关主管领导审批；(2) 案件事实不清、证据不足或者需要查清其他违法犯罪问题的，提出补充调查取证意见，报经本级公安机关主管领导批准后退回办案部门补充调查；(3) 案件定性不准、处理意见不适当、违反法定程序或者相关法律手续、法律文书不完备的，提出处理意见，报经本级公安机关主管领导批准后退回办案部门依法处理。

E省2012年《公安机关案件审核规定》规定：

> 第19条：案件事实清楚、证据充分、定性准确、程序合法、量处适当的，案件审核部门或者案件审核人员应当签署具体处理意见后报案件审批人员审批。

> 第20条：案件审核过程中，有下列情形之一的，按照以下程序办理:(一) 案件事实不清、证据不足的，应当说明补查内容和要求，将案卷退回执法部门补查。(二) 法律文书和有关手续不完备的，应当将案卷退回执法部门补办。(三) 定性不准的，应当提出变更意见，报案件审批人员审批。(四) 违反法定程序、尚不足以影响案件处理的，可以报案件审批人员审批，但应当出具《执法监督意见书》，要求限期整改和规范；违反法定程序、可能影响

---

① 尽管刑事案件审核实行四级审核模式，但本书主要以专业审核部门——法制部门审核为重点，在此着重对法制部门在审核中的处理程序进行考察。

案件处理的,出具《执法监督意见书》,要求限期补正程序,并将案件退回执法部门。

2010年《C市公安局刑事案件审核工作规范》第15条规定:

经过审核的案件,审核人员应当根据不同情况提出具体的处理意见:(一)案件事实清楚、证据确实充分、定性准确、处理意见适当、适用法律正确、程序合法、法律文书完备的,报本级公安机关领导审批;(二)案件事实不清、证据不足或者法律文书和相关手续不完备,经审核部门退回后仍不能在办案时限内补充侦查完毕的,报经本级公安机关领导批准后退回办案部门依法作出处理;(三)案件定性不准、处理意见不适当或者违反法定程序的,报经本级公安机关领导批准,变更处理意见或退回办案部门依法作出处理。第16条规定:案件审核完毕、审核人员应当制作相应的法律文书,经审定后,在规定的时限内及时办理案件移送手续。

2010年《A区公安分局法制民警岗位绩效考核实施办法》第9条规定:

案件审核中发现的违法或不当情形的,按下列规定处理:(1)案件事实、证据不符合拟作出执法行为要求的,审核民警应当说明补查内容,将案卷退回办案部门补查,待补查完毕后再次移送审核;(2)法律文书和相关手续不完备的,审核民警应当通知办案部门补办齐备;(3)定性不准、执法意见失当的,应签署变更意见,由办案部门提请审批责任人审批;(4)严重违反法定程序、可能影响案件处理的,审核民警应注明违法事项及处理意见,随案卷退回办案部门并出具《执法监督建议书》。

从上述文本规定看,法制部门在审核案件后的处理程序和方式基本相同。审核之后,根据案件情况,对案件处理可以采取以下三种处理方式:签署同意意见、签署变更意见、退回侦查部门补查或补办。但是在具体处理程序上,规定之间仍然存在细微差别,法制部门的处理方式是否都必须报经公安机关领导同意后才能实施？如对认为"存在问题"（如事实不清、证据不足、程序违法等）的案件处理程序，是由法制部门直接退回办案单位或直接签署变更意见，还是报告局领导同意后再行退回或变更？公安部规定法制部门的所有审核意见，包括变更、退回补充侦查，都应报请公安机关负责人批准后执行。而依照E省、C市和A区的规定，在某些情况下可以直接退回办案部门。以上规定的不一致，反映出制定主体的不同理念和考量。E省公安厅制定该规范的负责人称，对于某些存在明显错误的案件，法制部门能够把握，就无须报告领导；C市公安局有关人员也认为，对事实不清需要补充侦查的，法制部门直接退回办案部门，可以提高办案效率，因为即便报告局领导，局领导也会指示退回办案部门。

参照法律效力等级原则（尽管以上规定仅仅为规范性文件），从理论上讲，应当遵照公安部的规定执行。但两地考察发现，实践中的处理程序和方式并未严格按照公安部或省、市的规定执行，甚至也未完全遵守本级公安机关制定的规范，而是根据具体情况灵活掌握，实际操作也比上述规定更为简单。不论是刑事拘留还是提请逮捕案件，审核均基本按照以下方式和原则处理：

（1）对事实清楚、证据充分、定性准确的，法制部门审核人员或法制部门负责人直接签署同意意见，报局领导审批。

（2）对事实不清、证据不足的，或者需要继续侦查的，B县签署"建议不刑事拘留"或"建议不提请逮捕"的意见，并就继续侦查方向给予办案部门指引，案件退回办案部门；办案部门若不认可此意见，可向局领导报告，阐述办案部门的观点，局领导通常会召集相关人员集体研究决定。A区亦如此，法制部门与办案部门意见不一致，认为不应当采取刑事拘留或提请逮捕的，审核人员会对办案单位说明不予核准的理由和原因，需要继续侦查的，则下发补充证据清单或电话告知，退回办案单位补充侦查。办案单位补充侦查完毕后，再次呈报。

四、小　　结

以上对案件审核的受理、分配和具体审核程序的初步考察揭示，案件审核制度较为规范、理性。从权力控制看，案件审核的上述程序初步具有了对侦查权力实施控制的功能，办案人员与审核部门审核人员之间形成了一定程度的监督制约。主要体现在：

（1）从受理环节看，办案人员并不能随意启动刑事拘留或提请逮捕的程序，必须经过审核人员的审查。不论是对某些不符合受理条件案件的不受理，还是要求补齐相关材料后重新提请的事实，均从结果层面体现出案件受理中的监督与制约。

（2）从分配环节看，以随机模式和区域管辖模式为主体、兼顾指定模式的案件分配模式，决定了侦查人员一般不具有任意选择审核人员的权力，局领导、办案部门负责人干预案件分配的可能也被限制在最小范围之内，保证了审核人员独立审查案件、不受案外因素干扰的可能。除了某些特殊案件之外，案件与审核人员在结合方式上具有平等性，从宏观上保证了案件处理的"同等质量"，有利于保障犯罪嫌疑人的合法权益。

（3）从审核程序看，层级化的审核结构，决定了办案人员无法越过中间的审核层级，特别是专门审核部门——法制部门的审核而直接报送局领导审批，而必须逐级进行。对未达到审核标准、不符合刑事拘留或提请逮捕审核标准的案件可以退回，并改变前一层级的结论，从而防止侦查权的恣意行使。

（4）对较严厉、强制程度较高的强制措施，由于对犯罪嫌疑人权利侵犯的可能性更大，受理环节审核的要求应更严格，审核把关的层级也更多，由此体现出对"侦查比例原则"的关注重视和侦查权控制的理念。①

但是,从目前的文本规定和实践操作看,这种理性化程度仍然处于一个比较初步的阶段,对侦查权力的控制仍有待完善:

(1) 受理环节存在例外规定。如在 E 省 2012 年《公安机关案件审核规定》中就有"紧急情况下,必须立即采取具体执法行为,无法进行事前审核的,应当在具体执法行为作出后两个工作日内录入执法办案系统,并通过执法办案系统完善审核、审批程序"的规定。尽管此为例外规定,但不排除实践中适用的可能,以及未经受理即采取执法行为的情形。调研表明,在某些情况下,法制部门并未严格按照相关的制度规定和自身监督的职能要求受理刑事案件,而是相互协商。受访的审核人员表示,由于办案部门与法制部门都是围绕如何打击犯罪开展工作,只要办案部门没有严重的违法行为,案件没有明显不符合受理条件的情形,一般都不会"较真",而是先受理案件。特别是在未实行案件网上办理之前,对应该退回补充材料的案件采取先受理事后补办手续的情况更为突出。这种我国刑事司法中所特有的补签手续的做法,体现了审核人员对申请人员的妥协,也折射出审核人员有时无法或无力抗拒自己所处群体职能利益的压力。

(2) 在分配环节,尽管是以随机分配为主,但有时审核人员对案件仍具有一定的选择权,可能无法保证审核的完全公正。此外,分配环节对效率的追求也可能导致对权力制约的弱化。比如 B 县原来实

---

① 比例原则是西方国家公法包括刑事诉讼法的一项重要原则,其基本内涵是,要求国家在保护公民个人权利与保护国家和社会公益之间应保持一种合理的比例和平衡关系,具体而言,要求国家立法、行政和司法机关在实现其法定职能的过程中,如果为了保护国家和社会公益而不得不对公民个人权利加以限制或剥夺时,要尽可能选择对公民个人权利损害最小的手段,并且其行为对公民个人权利造成的损害不得大于该行为所能保护的国家和社会公益。按照比例原则三个子原则的具体要求,(1) 适应性原则要求侦查机关所采取的每一措施,都适合于实现其所追求的诉讼目标。(2) 必要性原则要求侦查机关在实现每一诉讼目标时,都应当尽可能采用对公民权利损害最小的手段。(3) 相称性原则则要求侦查机关在诉讼过程中采取的任何手段所造成的对公民权利的损害,都不得大于该手段所能保护的国家和社会公益。参见陈永生:《侦查程序原理论》,中国人民公安大学出版社 2003 年版,第 132—133 页,第 149—152 页。

行的审核提请逮捕由原来审核该案刑事拘留的人员进行,尽管可以提高审核效率,但审核人员可能因为在审核刑事拘留时,对案件证据、案情的既有看法而影响到对提请逮捕的证据的审核,容易导致把关不严。这也体现了内部行政性监督的一大特点,突出效率,而相对忽视对权力的制约。

（3）缺乏相对中立的人员进行案件受理和分配,难以有效地隔离审核人员和与其有利害关系的案件。尽管从实践来看,出现因审核人员与案件有利害关系而需要回避的情形并不多见,但是作为可能影响审核部门公正处理案件的制度性因素,仍然有必要从规则的角度进行预先设置。此外,法制部门对重大疑难案件的提前介入,主要目的是指导和服务,协助一线办案部门开展侦查,确保案件侦查工作顺利进行。若之后再由同一人员对案件进行审核,有"既当运动员又当裁判员"之嫌,违背了公正的原则。

（4）在审核环节存在的问题:一是表现为制度冲突。关于案件审核过程中的处理程序,不同层级公安机关制定的规范本身存在诸多不一致、不统一之处,容易造成执行中的无所适从和各自为政。二是体现为制度执行不力。已有的规定在实践中并未得到完全遵循。法制部门在审核环节,除了制约和控制,也较为注重与办案部门的协调与合作,较多地体现出对办案部门和人员的理解和同情,比如实践中有时缺乏材料仍然进行审核;未严格实行层级审核,有时在缺乏前一层级审核意见时仍然进行审核等。

第四章　案件审核的内容和标准

案件审核能否发挥预期功能,很大程度上取决于案件审核过程中如何把握审核的要求,包括审核哪些内容,掌握什么样的标准,审查哪些方面的材料,等等。从理论上讲,审核要求应当高于申请要求,如果审核人员的要求与办案人员申请的要求完全一致,则意味着审核可能流于形式,不能发挥预期的功能和作用,审核效果也可能会大打折扣。如前述,对申请刑事拘留和申请提请逮捕的审核,E省公安机关实行四级审核制度,其中专门审核部门——法制部门的审核居于其中一个环节,在几个环节当中,法制部门的审核要求与申请人员、其他层级的审核人员所掌握的要求相比,有无区别、有多大区别,是否专门审核部门在对案件的审核把关中发挥着关键作用？本章将采取比较论述的方式,分别从审核内容和审核标准两方面进行考察,其中,审核内容采比较宏观的角度,审核标准则采相对微观的视角。

一、审核的内容

(一) 文本规定

关于案件审核时应重点审核哪些内容,公安部、E省、C市、D市和A区均有规定,有关内容摘抄如下:

公安部《公安机关法制部门工作规范》第55条规定:

公安法制部门应当在规定的案件审核范围内,重点对立案、管辖是否合法,事实是否清楚,证据是否确实、充分、合法,定性是否准确,处理意见是否适当,适用法律是否正确,程序是否合法,法律文书是否规范、完备以及其他与案件质量有关的事项进行审核,提出审核意见,报本级公安机关领导决定。

E省2012年《公安机关案件审核规定》规定:

案件审核包括以下内容:(一)受案、立案、管辖是否合法。(二)证据是否确实充分、合法有效,证据与违法犯罪事实是否具有关联性。(三)定性是否正确。(四)程序是否合法,法律文书和内部审批是否规范、完备。(五)拟作出的具体执法行为是否符合法律规定的对象、条件。(六)拟作出的具体执法行为是否适当、必要。(七)其他可能影响案件质量和执法效果,需要审核的内容。

2010年《C市公安局刑事案件审核工作规范》规定:

对刑事拘留的审核内容主要有:拘留是否符合法定条件、犯罪嫌疑人有无羁押的必要;《呈请拘留报告书》《呈请延长刑事拘留期限报告书》填写是否清楚、规范,引用法律依据是否准确,被拘留人是否是未成年人,是否有法定的不予拘留的情形。

对提请逮捕主要审核包括:《呈请提请批准逮捕报告书》制作是否规范;引用法律依据是否准确;案卷中的证据材料是否足以证实办案单位认定的事实;是否符合逮捕条件;是否有逮捕必要。

2010年《A区公安分局法制民警岗位绩效考核实施办法》规定:

案件审核主要对案件事实是否清楚,证据是否确凿、充分,定性是否准确,适用法律是否正确,程序是否合法,法律文书是否规范、完备等进行审查。

除C市明确规定了刑事拘留和提请逮捕审核的具体审核内容外,其余均为比较原则的规定。从以上规范看,不管是具体规定还是原则规定,都体现了一个基本判断:即不论是刑事拘留还是提请逮捕,审核的内容都应包括实体和程序两个方面。实体内容如采取刑事拘留或提请逮捕是否符合法律规定的条件,犯罪事实是否有相关证据予以证明,案件定性是否准确,等等;程序内容如案件办理程序是否合法、相关内部审批手续是否完备、法律文书制作是否规范,等等。

之所以在审核时既要审核实体内容,又要关注程序内容,据 E 省公安厅起草《E 省公安机关案件审核规定》的负责人介绍:

(1) 传统的重实体、轻程序的观念在当下侦查办案中依然存在,且占有一定的比例,对于案件中证明所涉嫌犯罪事实的有关证据等内容,办案人员一般较为注重,将其作为侦查工作的重点进行把握和收集,而对程序方面的内容、形式要件则容易忽视,所以,要求审核人员加大对程序内容的审核力度。

(2) 实践证明,正是由于对实体内容的重视和对程序内容的忽视,导致实务中容易出现问题的往往在程序方面[①],比如法律文书引用条款错误、罪名填写错误、应填写的法律文书未填写或填写不规范等,而也正是由于程序上的错误或瑕疵,可能影响证据的效力,最终可能导致在检察院环节案件的不捕不诉。

(3) 随着法制化进程的推进,公安机关日益重视内部程序的规范化建设,因此不仅对诉讼法律文书有严格的要求,对《呈请拘留报告书》《呈请延长刑事拘留期限报告书》等内部文书的制作也要求必须填写规范,为此,在 E 省,包括 C 市和 D 市在内的很多地区均下发文件或制定《呈请_____报告书》示范卷,规范了报告书中有关内容的填写,

---

[①] 这一观点在南充市人民检察院课题组对南充市公安机关刑事拘留专项检察监督调研中得到了印证。调研表明,在调阅的 670 份案件中,共有 254 件存在拘留法律手续不规范现象,占调阅案件总数的 37.9%。参见南充市人民检察院课题组:《公安刑事拘留专项检察监督调研分析》,载《西南政法大学学报》2008 年第 6 期。

甚至涉及很多细节问题。①

关于案件审核的内容,早在 E 省 2004 年制发的《公安机关案件审核规则》就有规定。在对刑事案件审核中,审核人员重点要审核受案、立案、管辖是否合法;办理程序是否合法,法律文书和内部审批是否规范、完备;拟作出的执法行为是否符合法律规定的对象、条件;拟作出的公安执法行为是否适当、必要。与 2004 年相比,E 省 2012 年明确提出了对证据和事实的要求,其中,对证据不仅要求审核是否确实充分、合法有效,还要求核实与犯罪事实之间的关联性。之所以作此规定,按照 E 省公安厅法制部门负责人的解释,尽管在刑事证据方面我国尚未建立完备的证据规则体系,刑事立法上也没有明确的证据关联性规定,但在相关的司法解释中,对刑事证据的关联性的要求都有所体现。比如 2010 年 6 月,最高人民法院等五部门联合颁布《关于办理死刑案件审查判断证据若干问题的规定》第 32 条规定:"对于证据的证明力,应当结合案件的具体情况,从各证据与待证事实的关联程度、各证据之间的联系等方面进行审查判断。证据之间具有内在的联系,共同指向同一待证事实,且能合理排除矛盾的,才能作为定案的根据。"最高人民法院《关于适用〈中华人民共和国刑事诉讼法〉的解释》第 203 条规定:"控辩双方申请证人出庭作证,出示证据,应当说明证据的名称、来源和拟证明的事实。法庭认为有必要的,应当准许;对方提出异议,认为有关证据与案件无关或者明显重复、不必要,法庭经审查异议成立的,可以不予准许。"所以,关联性是证据进入诉讼的第一道"门槛",侦查人员在收集证据时也必须予以高度重视。

---

① 如 C 市公安局制定的《C 市公安局刑事强制措施工作规范》,对如何填写《呈请_____报告书》有着严格的规定,如《呈请刑事拘留报告》的制作要求为:(1)犯罪嫌疑人的基本情况和简历:① 基本情况:犯罪嫌疑人姓名、性别、出生日期、民族、籍贯、户口所在地、现住址、职业。② 简历:重点写明犯罪嫌疑人的违法犯罪经历,其学习、工作经历可以略写。(2)呈请报告的理由:应按"六合"要素叙述犯罪嫌疑人涉嫌犯罪行为发生的时间、地点、手段、经过以及造成的危害后果,并列举已收集的相关证据。(3)法律依据:犯罪嫌疑人的行为触犯的《刑法》条款,涉嫌的罪名以及呈报刑事拘留所依据的《刑事诉讼法》条款等。(4)末尾写明承办单位、承办人姓名以及制作文书的日期。共同犯罪的案件,应当对犯罪嫌疑人分别制作《呈请刑事拘留报告书》。

（二）实践操作

对于上述文本规定，实践中如何把握？考察发现，申请人员以及不同层级审核人员在审核内容的把握上存在一定差异。与其他层级的审核人员相比，法制部门审核体现出了以下特点：

1. 实体内容和程序内容并重

法制部门在审核时对实体和程序内容均比较注重，并无明显偏向，而其他层级的审核人员对此要求并不完全一致，更多是在注重实体内容的前提下，兼顾程序内容，特别是在法律文书制作等方面关注较少。这一结论来自以下两个方面：

（1）访谈。访谈情况如表4-1所示。

表4-1 申请、审核内容访谈情况

	B县公安局	A区公安分局
申请人员	J所民警：申请刑事拘留和提请逮捕时主要看证据材料能否证明犯罪嫌疑人的犯罪事实。但即使是申请刑事拘留，也不能只有孤立的证据。	S所民警：申请刑事拘留主要看主要证据是否能证明犯罪事实。
法制员	经侦大队法制员：刑事拘留审核时主要审查证据是否达到拘留条件，特别是关键的证据。对提请逮捕的审核要求更严格一些，要简单看涉案金额、是否达到立案标准等。	C刑警中队法制员：刑事拘留简单看程序性材料；提请逮捕时要看实体上的内容，如主要证据，也有程序上的内容，如侦查人员签字是否规范等。
办案部门领导	J刑警中队副中队长：刑事拘留主要看其中讯问犯罪嫌疑人的材料了解案情，看按照条件是否够刑事拘留。	Y派出所所长：对办案人员申请刑事拘留的，主要按照规定的刑事拘留的标准简单看一看相关证据材料。对逮捕的审核主要是看刑事拘留后法制部门要求补充的材料是否补齐。

（续表）

	B 县公安局	A 区公安分局
法制部门	法制大队副大队长：审核时要审查程序，比如是否已经立案、犯罪事实以及主要证据。还要看证据的来源和收集方式是否合法等，比如审查物证书证，要看来源是否合法清楚；是否经过拍照固定、检验、鉴定、登记；书证是否有原件保存单位（人）盖章（签名），提取制作单位（人）附制作过程的说明并签名盖章；是否按照规定处理有关物品。	法制大队大队长：在审核时实体内容和程序并重，因为程序不合法，可能导致证据不合法。审核时在程序方面需要审查办案单位受理、立案程序有无问题，是否符合立案条件，传唤、拘传措施是否合法等。
局领导	一般情况下主要看是否有法制部门的签字和审核意见，如果有就批准。	一般情况下只要有法制部门的签字就审批，当然有时也会简单过问一下案件的基本情况，主要是对案件事实和主要证据的核实

访谈表明，与申请人员和其他层级审核人员相比，法制部门审核人员更加注重程序内容的合法与规范。尽管其他层级的审核人员可能会关注程序内容，但不全面，即便关注，也仅限于某些方面，主要涉及内部呈报文书有关人员和领导是否签字等，而对案件本身的程序材料，特别是细节问题，法制员、办案部门负责人和局领导均很少仔细审查。究其原因，法制员和办案部门负责人均认为，在法制部门审核环节，审核人员会对案件的细节和程序问题严格把关，且由于法制部门长期从事审核工作，较为专业，更容易发现问题；局领导则认为，已有专业的审核部门法制部门进行了把关，自己的审核可以简单粗略一些。当然，法制员多为兼职法制员、办案部门负责人和局领导无充足时间对案件进行细致审核，也是其中的重要原因。可见，在诸多审核层级中，法制部门的审核发挥着至关重要的作用。

（2）法制部门制作的案件审核情况通报。为提高办案质量，A 区和 B 县均实行案件审核情况周通报制度,即每周针对案件审核中发现的普遍问题以及瑕疵较多的个案在全局范围内进行通报,指出审核中发现的问题和瑕疵。从通报的内容看,很多属于程序方面的问题,亦可从一个侧面反映法制部门在审核时对具体程序性问题的重视。以下摘录部分通报:

A 区 2011 年 10 月第 1 周情况通报中对一起提请逮捕案件的通报

本周由某所办理李某涉嫌抢夺一案(办案人张某、施某某)。此案在证据收集、文书制作、法律程序适用方面都存在不同问题:

(1) 呈请逮捕报告书适用法律条款错误,抢夺罪的规定是《刑法》第 267 条,而不是第 263 条;

(2) 拘留通知书没有填写被拘留人家属的详细情况;

(3) 价格鉴定无鉴定人资质证明;

(4) 价格鉴定没有告知受害人;

(5) 提取的身份证复印件无出处、无提取人签字、无提取时间;

(6) 对涉案的工具——摩托车没有办理扣押手续;

(7) 装卷顺序不规范。

B 县 2013 年 2 季度执法质量考评情况的通报

1. 办理刑事案件共同存在的问题

(1) 受理案件时未立即填写受案登记表,未向报案人提供受案回执。

(2) 在办案场所的询问室、讯问室进行询问、讯问,没有在笔录中反映出来;法定要求在讯问时必须同步录音录像,未将同步录音录像情况在讯问笔录中反映出来。

(3) 没有将鉴定机构及鉴定人资质复印件附入鉴定意见之后,将会导致该鉴定意见因形式要件不具备而有被排除的可能。

(4) 没有对与辨认照片编号对应的姓名进行单独说明。

2. 各执法部门存在的问题

……

黄某主办的杜某故意杀人案:受案时未向报案人出具受案回执;制图人、照相人是机打名字,未亲自署名;未立案就使用讯问笔录审讯犯罪嫌疑人;每次讯问未成年犯罪嫌疑人都未通知合适的成年人到场;在办案场所——讯问室、询问室讯问、询问,未在笔录中注明。

2. 实体内容审核更全面

就案件审核的实体内容看,法制部门与其他层级的审核也存在一定差异,相较于申请人员和其他层级审核人员,法制部门在实体方面的审核内容更为全面,除重视审核拟采取措施的合法性外,相对比较关注采取措施的适当性,即是否"有必要"采取此项措施。① 而且,在审核刑事拘留和提请逮捕时,对适当性的关注程度也不尽相同,相对而言,对提请逮捕更注重适当性和必要性的审查。

访谈表明,法制部门在审核刑事拘留时,尽管也会考虑适当性,即

---

① 2012年《刑事诉讼法》第80条延续了1996年《刑事诉讼法》的规定,只明确了对现行犯或重大嫌疑分子可以现行拘留的七种情形,似乎未对"是否有必要"采取刑事拘留作出要求,但法定的紧急情形应视为判断是否有必要的重要标准,无紧急情形的即无必要采取刑事拘留措施。除此之外,在实践掌握中还有更为具体的要求,如《E省公安机关办理刑事案件适用拘留措施规定》第4条就对应该严格限制适用刑事拘留的情形作出规定:"有证据证明有犯罪事实,犯罪嫌疑人可能被判处三年以下有期徒刑、管制、拘役或者独立适用附加刑,采取取保候审、监视居住足以防止发生社会危险性,能够保证刑事诉讼顺利进行,且具有下列情形之一的,对犯罪嫌疑人应当严格限制适用拘留措施:(一)由民事纠纷引发的犯罪,可经自诉程序办理,但被害人要求公安机关立案侦查的。(二)犯罪情节较轻,经有关部门调解后已赔偿损失,被害人、自诉人谅解并要求不对犯罪嫌疑人采取逮捕措施的。(三)犯罪情节较轻的初犯、偶犯,在共同犯罪中起次要或辅助作用的从犯,或具有其他法定从轻、减轻情节的。(四)未成年的在校学生犯罪,犯罪情节较轻,具备有效监护条件的。(五)犯罪嫌疑人已满70周岁,且犯罪情节较轻的。(六)犯罪嫌疑人是又聋又哑或者是盲人,且犯罪情节较轻的。(七)犯罪嫌疑人具有自首情节,且犯罪情节较轻的。(八)属于《刑法》第二十条、第二十一条规定的正当防卫明显超过必要限度造成重大损害或紧急避险超过必要限度造成不应有的损害构成犯罪的。"

有无刑事拘留的必要,但总体把握不严。究其原因,一方面,是对刑事拘留措施的认识和理解欠缺。审核人员均认为,从 1996 年《刑事诉讼法》之后,放宽了刑事拘留的条件,规定比较宽,虽然 2012 年《刑事诉讼法》从保障人权的角度对刑事拘留的后续程序上进行了完善,但是刑事拘留作为一种临时性措施,整体上把关不严;另一方面,是对实践的关照和妥协。尽管法律规定刑事拘留是在紧急情况下采取的临时剥夺犯罪嫌疑人人身自由的强制措施,但由于刑事拘留期间往往是调查取证的关键时期,因此,实践中它已经成为公安机关办理刑事案件普遍适用的措施,而且是适用率最高的强制措施,涵盖了公安机关管辖的所有案件类型。① 所以,在法律规定较为模糊的情况下,尽管对刑事拘留措施的采取要求具备"紧急情况",但实际上对有无刑事拘留的必要考虑不多。以上访谈中,审核人员对刑事拘留的认识,与陈涛等在 S 省的 4 个县市公安机关所做的考察结果一致。② 当然,对有无刑事拘留的必要,审核人员也会适当加以考虑。主要体现在了解犯罪嫌疑人的人身情况,比如,犯罪嫌疑人是否为老年人、严重疾病患者、怀孕妇女以及未成年人,等等,如果存在上述情况,受访的审核人员均表示会更加慎重,在涉嫌犯罪不是十分严重的情况下,不会一概予以刑事拘留。③

---

① 参见孙长永、武小琳:《新〈刑事诉讼法〉实施前后刑事拘留适用的基本情况、变化及完善——基于东、中、西部三个基层法院判决样本的实证研究》,载《甘肃社会科学》2015 年第 1 期。

② 参见陈涛、李森、闫永黎:《侦查权内部控制机制实证研究》,载《中国刑事法杂志》2011 年第 6 期。

③ 对上述特殊人员采取刑事拘留等强制措施,审核人员大多会比较慎重,因为有相关规定要求慎用刑事拘留措施。如针对未成年人,E 省专门制定的《E 省公安机关办理未成年人刑事案件规定》规定:"公安机关办理未成年人刑事案件,应当严格限制使用拘传、拘留、逮捕等强制措施,在一般情况下,应当尽量使用取保候审、监视居住等强制措施。"同时,明确要求"各级公安机关不得将办理未成年人刑事案件的批捕、起诉情况纳入考核指标"。

B县还要求讯问犯罪嫌疑人的政治面貌,如是否为人大代表、政协委员。①

相较而言,在审核申请人员报送的提请逮捕案件时,审核人员则更加注重逮捕的适当性。对于提请逮捕,根据2012年《刑事诉讼法》的规定,主要包含证据要件、罪责要件和社会危害性要件。② 与1996年《刑事诉讼法》相比,细化了逮捕条件,且对"有逮捕必要"进行了列举。③ 相应的,从规范角度讲,审核亦应根据以上三个要件进行。调查表明,申请人员和其他层级审核人员一般更多关注证据要件方面的内容,而法制部门审核人员对罪责要件、社会危害性要件均关注较多。这一结论来源于:

---

① 对人大代表、政协委员采取刑事强制措施,有关文件有着更为严格的程序规定。如对人大代表采取刑事拘留强制措施,根据《全国人民代表大会和地方各级人民代表大会法》的规定,"拘留担任本级人大代表的犯罪嫌疑人,应当立即向本级人大主席团或常委会报告;拘留担任上级人大代表的犯罪嫌疑人,应当立即报请该代表所属人民代表大会同级的公安(检察)机关并向该级人大主席团或常委会报告;拘留担任下级人大代表的犯罪嫌疑人,可直接向该代表所属的人大主席团或常委会报告,也可委托该级同级的公安(检察)机关报告;拘留担任乡、镇人大代表的犯罪嫌疑人,由县级公安(检察)机关报告乡、镇人民代表大会"。对政协委员采取限制人身自由的强制措施,中央政法委1996年第18号通知规定:"今后各级公安机关、国家安全机关、人民检察院、人民法院依法对有犯罪嫌疑的政协委员采取刑事拘留、逮捕强制措施前,应向该委员所在的政协党组通报情况;情况紧急的,可同时或事后及时通报。"在B县公安局,曾经发生过因为未注意犯罪嫌疑人的人大代表身份而未按照程序报告就刑事拘留的事件,受到当地人大领导的严厉批评,因此这一事件发生后,均要求讯问核实犯罪嫌疑人的政治身份。

② 对于提请逮捕的三个要件,学者表述不一,如陈光中教授主编《刑事诉讼法》教材表述为证据要件、罪责要件和社会危害性要件;郭松博士论文将3个要件归纳为证据要件、刑罚要件和必要性要件;刘国祥、崔欣编著的《公安机关办理刑事案件程序规定释义与法律文书制作指南》,将其界定为证据要件、罪行要件和社会危害性要件。笔者在此处采用了陈光中教授主编的《刑事诉讼法》教材中的表述。参见陈光中主编:《刑事诉讼法》,北京大学出版社2002年版,第207—208页;刘国祥、崔欣:《公安机关办理刑事案件程序规定释义与法律文书制作指南》,警官教育出版社1998年版,第255页。

③ 2012年《刑事诉讼法》第79条中对有逮捕必要列举了5种情形,即"对有证据证明有犯罪事实,可能判处徒刑以上刑罚的犯罪嫌疑人、被告人,采取取保候审尚不足以防止发生下列社会危险性的,应当予以逮捕:(一)可能实施新的犯罪的;(二)有危害国家安全、公共安全或者社会秩序的现实危险的;(三)可能毁灭、伪造证据,干扰证人作证或者串供的;(四)可能对被害人、举报人、控告人实施打击报复的;(五)企图自杀或者逃跑的"。此外,还增加了两款:"对有证据证明有犯罪事实,可能判处十年有期徒刑以上刑罚的,或者有证据证明有犯罪事实,可能判处徒刑以上刑罚,曾经故意犯罪或者身份不明的,应当予以逮捕";"被取保候审、监视居住的犯罪嫌疑人、被告人违反取保候审、监视居住规定,情节严重的,可以予以逮捕"。

(1) 问卷调查。以下是法制审核人员对审核提请逮捕案件时把握三个要件的问卷结果。

表4-2 问卷调查表

调查对象	调查问题:你在审核提请逮捕时,通常会考虑以下哪些因素?（可多选）		
	证据要件	罪责要件	社会危害性要件
审核人员（22人）	18(人)	4(人)	12(人)

上述受访的审核人员中,有82%的人表示在审核提请逮捕时会考虑证据要件,55%的人会注重社会危害性,有18%的人会考虑罪责要件。而上述人员在审核刑事拘留时,约64%的人认为应注重审核是否符合刑事拘留条件,约18%的人表示会考虑社会危害性。与审核刑事拘留相比,审核提请逮捕案件时考虑社会危害性的比例明显增大。

(2) 访谈。① 不同层级的审核都非常重视和关注是否有证据证明有犯罪事实,认为这是提请逮捕最基本也是最重要的前提条件。对于这一条件的掌握,按照规定,需要同时具备下列情形:一是有证据证明发生了犯罪事实;二是有证据证明犯罪事实是犯罪嫌疑人实施的;三是证明犯罪嫌疑人实施犯罪行为的证据已经查证属实的。② 对于罪责要件,较少考虑。因为尽管可能判处有期徒刑以上刑罚是逮捕犯罪嫌疑人的必备条件,但他们认为,实践中真正需要审核人员根据涉嫌罪名的性质、事实、情节进行刑期判断的案件比例并不会太高,且大多也不是审核人员能力所能准确把握的。一方面,实践中本身就存在一些不需要进行刑期判断的案件,如盗窃数额在巨大以上案件、重伤害案件以及抢劫等暴力犯罪案件;另一方面,实践中县级公安机关所处理案件大多属于常规性的多发案件,审核人员根据平常审核经验能形成是否可以报捕的判断。③ 对社会危害性条件,即有无逮捕必要,访谈中法制审核人员均表示会予以考虑。特别是在2012年《刑事诉讼法》细化了逮捕必要性的五种情形之后,2012年,《人民检察院刑事诉讼规则(试行)》又对此作出了进一步明确的解释①,这也成为法制部门在审核时的重要参照标准。但是,在实际认定中,对逮捕必要性的判断仍然较为宽泛,一般是从犯罪嫌疑人的自然因素(如年龄、性别、身体状况等)考虑犯罪嫌疑人是否具有不适合羁押的情况,如是否属于老年人、未成年人、在校学生、盲聋哑人、患有严重疾病的人,正在怀孕、哺乳自己婴儿的妇女,有无固定住址及帮教、管教条件,等等,而较少从犯罪的轻重程度、保障诉讼程序顺利进行、犯罪人的主观恶性与犯罪嫌疑人再犯罪等角度来认定"有无逮捕必要"。

(3)观察。在A区公安分局法制大队,笔者观察到一起提请批捕案件的审核,印证了以上问卷和访谈情况。以下为观察实录:

法制大队审核案件观察实录

时间:2012年8月3日

参加人:A区公安分局法制大队副大队长黄某、案件承办人李某

审核情况:

(1)李某汇报案情:此案是邓某涉嫌盗窃案。案件基本情况为:犯罪嫌疑人邓某,男,17岁。2013年7月30日23时,邓某在其打工的本市某茶楼,趁服务员邓某没锁服务台抽屉之机,盗走邓某放在抽屉内黄色钱包内人民币2500元后逃走。9月24日18

---

① 2012年《人民检察院刑事诉讼规则(试行)》第139条规定:"人民检察院对有证据证明有犯罪事实,可能判处徒刑以上刑罚的犯罪嫌疑人,采取取保候审尚不足以防止发生下列社会危险性的,应当予以逮捕:(一)可能实施新的犯罪的,即犯罪嫌疑人多次作案、连续作案、流窜作案,其主观恶性、犯罪习性表明其可能实施新的犯罪,以及有一定证据证明犯罪嫌疑人已经开始策划、预备实施犯罪的;(二)有危害国家安全、公共安全或者社会秩序的现实危险的,即有一定证据证明或者有迹象表明犯罪嫌疑人在案发前或者案发后正在积极策划、组织或者预备实施危害国家安全、公共安全或者社会秩序的重大违法犯罪行为的;(三)可能毁灭、伪造证据,干扰证人作证或者串供的,即有一定证据证明或者有迹象表明犯罪嫌疑人在归案前或者归案后已经着手实施或者企图实施毁灭、伪造证据,干扰证人作证或者串供行为的;(四)有一定证据证明或者有迹象表明犯罪嫌疑人可能对被害人、举报人、控告人实施打击报复的;(五)企图自杀或者逃跑的,即犯罪嫌疑人归案前或者归案后曾经自杀,或者有一定证据证明或者有迹象表明犯罪嫌疑人试图自杀或者逃跑的。"

时许,接群众举报,在本市某茶楼二楼将嫌疑人邓某抓获。邓某于9月24日被刑事拘留。

(2)李某提出审核意见:建议不报捕,原因有两点:第一,邓某系未成年人,如果被逮捕,可能对他今后的学习和生活产生很大影响;第二,邓某的母亲已代赔受害人邓某700元。

(3)讨论环节:黄某:尽管邓某是未成年人,但是涉嫌犯罪的数额比较大,如果不报捕放在社会上,邓某本身是外地人,如何落实监管措施?

李某:是否可以先与办案单位联系,看邓某是否具备取保候审的条件,如果具备就取保候审。

(4)决定环节:鉴于邓某是未成年人,如果具备取保候审条件就取保,如果条件不具备就提请逮捕。

二、审核的标准

审核标准是指审核人员决定刑事拘留或提请逮捕时应当符合的各种条件,主要体现在审批的证据标准和材料标准两个方面。在两者关系上,审批的证据标准决定了申请刑事拘留或提请逮捕时应提交哪些种类的材料。而犯罪嫌疑人是否符合刑事拘留或提请逮捕的标准,又以审核材料为基础,且最终体现在对审核材料的认定上。考察发现,在办案人员提出刑事拘留、提请逮捕的申请时,均有自己把握的标准,而在各审核层级中,审核人员也掌握了一定的标准。相比而言,法制部门的审核证据标准最高,相应的,对审核材料的要求也最为严格。下面分别就审核的证据标准和材料标准进行考察。

(一)证据标准

2012年《刑事诉讼法》第80条和第79条分别规定了采取刑事拘留和逮捕措施的条件,这也是公安机关在申请和审核上述两种措施时把握的基本标准。即对刑事拘留的标准是现行犯或者重大嫌疑分子符合《刑事诉讼法》规定的 7 种情形之一,其中,现行犯是指正在进行犯罪的人,重大嫌疑分子是指有证据证明具有重大犯罪嫌疑的人。①对提请逮捕的标准是有证据证明犯罪嫌疑人有犯罪事实、可能判处徒刑以上刑罚,采取取保候审、监视居住等方法尚不足以防止发生社会危害性,有逮捕必要。因此,均要求有证据证明。

对上述标准,在与办案人员、不同层级审核人员访谈以及所回收的调查问卷中,受访者均表示会按此标准掌握。但是,进一步深究,对于证据达到何种程度属于有证据证明有犯罪行为,符合拟采取强制措施的条件,法制部门与申请人员的认识并不一致,正是基于此点,体现出对证据要求的差异。区别主要表现在:

1. 证据的客观性要求

侦查人员申请时把握的标准主观性较强,特别是申请刑事拘留时,对标准的把握多源于主观判断,即犯罪嫌疑人有罪的可能性应当远远超过无罪的可能性,而这种内心确信的依据多来源于线索、经验和感觉,主观性较强,因此对证据要求主要是"查明"犯罪,用通俗的语言表述,即强调调查人本人是否清楚明白。与之相比,法制部门审批的证据标准所要求的内心确信程度更高,主观色彩较弱。对证据的要求体现为要"证明"犯罪,客观性较强。访谈其原因,关键在于侦查人员和法制审核人员不同的角色定位、职责分工以及由此形成的不同思维形式。侦查人员谈到,他们处于侦查办案的第一线,其主要职责任务是收集查明证据、查缉犯罪嫌疑人。所以在长期的侦查实践中,办案人员主要沿袭了犯罪侦查的思路,在侦查思维的运用上,除了理性的侦查逻辑思维外,还大量运用侦查直觉思维(包括侦查灵感思维),非逻辑思维贯穿于案件侦查的始终。不少侦查人员往往形成并相信侦查感觉,尽管侦查感觉在很多情形下准确性较高,但又具有待定性、

---

① 参见陈光中主编:《刑事诉讼法》,北京大学出版社 2002 年版,第 203 页。

引领性和不易否定性。① 而侦查感觉一旦形成,极易照此思路开展侦查取证工作。因此,对证据的把握也具有较强的主观性,带有自身认定的色彩,这在申请刑事拘留阶段表现得尤为突出。反之,法制部门审核人员不直接参与侦查办案,不接触案件当事人,主要承担案件审核的职能,对证据的认识、判断更多从法律事实层面进行审查把握,实质是将办案部门对案件事实和证据的感性认识,升华到法律事实和证据的理性层面认识。上述职责定位和思维差异决定了对证据要求的不同。受访法制审核人员谈到,受侦查思维的影响,办案人员在收集证据时可能先入为主,例如,按照主观上确定的罪名收集证据,而非先收集证据再定性;不是全案收集证据,而是按照主观判断收集证据;对罪轻的证据、减轻的证据不注重收集。

2. 证据的全面性要求

法制部门参照检察机关的证据标准,并将其作为审核标准,相比之下,对证据的审核更细致、更全面。由于在提请逮捕以及移送起诉等环节直接面对检察机关,法制部门对检察机关的证据要求较为熟悉。为使案件能够顺利按照法定程序侦查终结移送起诉,实践中往往参照检察机关的标准审核证据。尽管1996年《刑事诉讼法》实施之后放宽了逮捕的证据要件,但实践中并非如此,如最高人民检察院副检察长朱孝清在2005年全国第二次侦查监督工作会议上指出:"有证据证明有犯罪事实,要以证据所证明的事实构成犯罪为原则,证据所证明的事实基本构成犯罪为例外。"②2006年8月17日,最高人民检察院第十届检察委员会第五十九次会议通过的《人民检察院审查逮捕质量标准(试行)》第4条中亦规定:"'有证据证明有犯罪事实',一般是指证据所证明的事实已构成犯罪。"尽管试行标准在2010年被最高人民

---

① 参见史晓斌:《论侦查直觉思维》,载《长沙铁道学院学报》2006年第6期;刘宁:《浅析侦查中的直觉决策》,载《福建警察学院学报》2013年第1期;杨郁娟:《论侦查经验决策与侦查科学决策》,载《山东警察学院学报》2010年第2期。

② 转引自冀祥德:《附定罪条件逮捕制度论——兼评〈人民检察院审查逮捕质量标准(试行)〉第4条》,载《法学家》2009年第4期。

检察院第十一届检察委员会第四十一次会议通过的《人民检察院审查逮捕质量标准》所代替,新标准中也取消了这一规定,但是在实务中,检察人员对逮捕的证明标准一般仍然从严把握,通常以是否真正构成犯罪作为批捕的标准。①

A区公安分局法制大队副大队长谈及,在审核时,均会参考《人民检察院审查逮捕质量标准》的有关规定,对案件进行全面审核。B县公安局法制大队教导员谈到,刑事拘留的审核除了要按照《刑事诉讼法》第80条把握外,证据之间还要相互印证。比如对于伤害案件要求有法医出具的倾向性意见,对于盗窃案件要求涉案金额基本接近追诉标准等。而办案人员申请时往往不会考虑或考虑甚少。提请逮捕的证据则要求按照犯罪构成四大要素收集具备,证据之间要形成证据锁链。此外,查阅两地关于刑事案件审核情况通报,也反映出法制审核人员对证据的细节要求得更为严格。选择摘录如下:

A区公安分局对张某办理的提请逮捕案件的通报

……(3)证人燕某看见了拐骗儿童的经过,但没有对犯罪嫌疑人进行辨认;(4)辨认照片后无被辨认人的身份情况说明;(5)没有对犯罪嫌疑人杨某租车的情况进行调查核实。

B县公安局对2012年下半年执法考评情况的通报

……在办理刑事案件方面,各部门存在的问题如下:(1)证据固定不及时、不全面;(2)现场勘查业务不强,有利于案件处理的证据没有及时固定;(3)影响案件处理的鉴定结论没有及时聘请专业人员作出,往往在检察院的退补环节进行。

(二) 材料标准

与以上证据标准相适应,法制审核人员对案件材料标准的把握也有别于申请人员和其他层级审核人员。由于审核标准较高,且客观化

---

① 参见陈刚、卢新华:《审查逮捕适用标准刍议》,载《人民检察》2006年第11期。

程度较强,无疑对审批材料的构成及其证明力提出更为严格的要求。考察发现,不同的标准并不完全体现在对材料数量、种类的要求上。访谈表明,不论刑事拘留还是提请逮捕,对材料的数量均无硬性要求和差别。在应报送材料的类别上,申请人员和审核人员也无太大差异。刑事拘留应报送的材料主要有:立案材料、呈请刑事拘留报告书和其他法律文书、犯罪嫌疑人供述、受害人材料、现场照片、《接受刑事案件登记表》《呈请立案报告书》《立案决定书》及报案材料等。提请逮捕应报送的材料则包括:除呈请刑事拘留的材料外,还应补充完善更多更细致的材料,且证明犯罪构成四大要件的材料必须齐全。受访审核人员表示,提请逮捕的材料应该在申请刑事拘留的材料基础上得到补充、加强和完善。比如鉴定结论和犯罪嫌疑人身份证据等。由于其查证过程比较耗时,尽管在刑事拘留审核时仅需要初步核实,但在报捕审核时则不可缺少,必须查证属实。A 区由于外地人犯罪的比例较大,惯常做法是先与犯罪嫌疑人所供述的户籍所在地派出所电话联系,确认其自报的身份是否属实;在刑事拘留期间,外地犯罪嫌疑人的身份核实则需要采用挂号信的方式向犯罪嫌疑人户籍所在地的派出所发出辨认函和要求提供户口簿的介绍函。此外,尽管对材料数量没有具体要求,但审核人员还是认为,即便是申请刑事拘留,材料也不能是孤证,应当有若干份证明其有犯罪重大嫌疑并且能够相互印证的证据,不能仅凭一份材料就对犯罪嫌疑人予以刑事拘留。尤其在没有口供的情况下。B 县公安局一名派出所办案人员谈到,法制大队审核刑事拘留时对口供很重视,如果没有口供,除非有特别明显的证据,否则不会批准。一般要求要有目击证人(至少有 2—3 个)、同伙交代等作为证据。如果证据不足,只有模棱两可的证言,审核人员是批不了的。此外,对于供述材料,即使犯罪嫌疑人供认自己有罪,审核人员也要考虑一旦犯罪嫌疑人翻供,能否依靠其他证据材料定案。在审卷方法上,即使犯罪嫌疑人的口供一直比较稳定,也应当按照犯罪嫌疑人没有交代犯罪事实的情况处理,分析口供以外的其他证据之间能否形成证据锁链,如果犯罪嫌疑人翻供,其他证据能否足以认定该案件事实。

进一步考察发现,法制审核人员对材料的标准高于办案人员,主要体现在对材料的证明力和规范性的要求上:

1. 对材料的证明力要求高

受访的审核人员提及,侦查人员基于思维惯性,习惯于按照查明犯罪的思路收集证据,而且由于时间较为有限,收集的证据材料比较粗糙,证明力不强。而审核人员要求按照证实犯罪的思路,通过调查收集的材料来尽量复原当时的情况。例如,侦查人员更多重视犯罪嫌疑人供述的材料,有时只要有供述就认为已经查清案情,而对如何收集更多材料强化材料的证明力,容易忽视。而审核人员则对材料的证明力要求更高,如 B 县公安局法制大队副大队长对提请逮捕案件掌握的审核要求是,整个案件即便缺乏犯罪嫌疑人的供述材料,其他材料亦能基本印证犯罪事实。

2. 对材料的规范性要求高

材料的规范性程度越高,证明力也越强,从检察机关退回补充侦查、不批捕的案件中,因材料不规范退回的并不在少数,因此,法制部门审核人员对证据材料的规范性要求较高。比如,对辨认的材料,审核人员就非常重视,他们谈到,不少冤假错案与辨认程序的不规范有着直接的关系。① 因此,在对辨认材料进行审核时必须把握以下几点:辨认时是否采用混杂辨认的方法,是否有给辨认人提示、暗示的迹象;辨认前是否详细询问了辨认对象的具体特征并制作询问笔录;是否邀请了见证人见证辨认经过和结果;几名辨认人对同一辨认对象进行辨认时,是否由辨认人个别进行;是否规范使用和制作了《辨认笔录》及附件,等等。A 区曾发出一期执法通报,专门就辨认嫌疑人中存在的问题进行通报,可以反映出对材料规范性的重视。

---

① 这一认识与王佳在对近年来刑事错案分析基础上所得出的结论一致。王佳提出,当前导致错案发生的一个重要原因,即在于刑事辨认程序中存在办案人员不当组织辨认或错误地采信辨认结论等不当行为。参见王佳:《刑事错案与辨认》,载《人民检察》2011 年第 14 期。

A区公安分局2010年第3期执法通报

最近,在案件审核中,发现在辨认这一环节,不少办案单位都存在着各种不同的问题,如:

(一)未让受害人对犯罪嫌疑人进行辨认(某所蒋某涉嫌抢劫案);

(二)未让目击证人对犯罪嫌疑人进行辨认(某所龙某某、杨某某、荆某某涉嫌拐骗儿童案);

(三)辨认笔录文书制作不规范,诸如,辨认照片无情况说明、无见证人签名、无辨认人身份情况说明等问题。

三、小　　结

刑事拘留、逮捕法定条件的制度意义在于,通过限制国家强制权力的任意行使来彰显诉讼制度所蕴含的保障人身自由的价值。通过以上两方面的考察,不论是刑事拘留还是提请逮捕,法制部门把握的审核要求、条件均高于申请人员和其他审核人员的要求,审核内容更全面,审核标准更严格,因而在一定程度上发挥了对侦查权力的限权功能。这一考察结论与马静华在四川省N市N县、Y市Y区和C市A区公安机关,陈涛等在S省的4个县市公安机关考察得出的结论基本一致。[①] 而且,比较刑事拘留和逮捕两种措施,在审核要求、条件的掌握上也有所不同,对逮捕的要求更为严格,标准更高。拟采取措施的强制程度越高,对犯罪嫌疑人权利侵害可能性越大,审核把关就越严格,这也体现了侦查权控制中的比例原则。

这一结论还可以从以下两方面得以印证:

[①] 参见马静华:《侦查权力的控制如何实现——以刑事拘留审批制度为例的分析》,载《政法论坛》2009年第9期;陈涛、李森、闫永黎:《侦查权内部控制实证研究》,载《中国刑事法杂志》2011年第6期。

（1）问卷调查。以下是对办案人员、法制员以及办案部门负责人的问卷，其中，70%的人认为法制部门在审核案件时掌握的标准比自己掌握的标准高或基本一致，仅10%的人认为法制部门审核标准低于自身的标准。

表4-3　问卷调查表

总调查人数	问题：你认为法制部门在审核案件时，掌握的标准与你的标准是否一致？			
	基本一致	法制部门标准高	法制部门标准有高有低	法制部门标准低
30（人）	6（20%）	15（50%）	6（20%）	3（10%）

（2）审核耗时。由于审核内容和标准的差异，审核的耗时情况也不相同（当然，审核耗时还与审核方式有关，如审核方式严格，审核时间也会相应延长，关于审核方式，将在下章中考察）。考察发现，不同层级审核人员的审批耗时程度与审批要求基本适应。侦查部门的法制员和侦查部门领导的审核标准与侦查人员基本一致，审核时往往"拿来就签"，基本不存在耗时问题。当然，法制员或侦查部门领导本身就参与案件办理或通过本部门、本单位的案情通报等形式，对案件侦办进展情况比较了解，也是审核不耗时的原因之一。局领导的审批要求则主要依附于法制部门，审批时间也比较短。在B县和A区，局领导只要看到呈请报告上有法制审核人员的同意意见，就会直接签字，即便要了解案情，也只是口头询问一下是什么性质的案件，涉案金额如何等，因此也基本不耗费时间。而法制部门的审核要求较高，对材料审核细致，相应地耗时较长，而且刑事拘留和提请逮捕的审核耗时也不相同，审核提请逮捕时的耗时明显长于审核刑事拘留的耗时。为保证审核部门的人员有足够时间对案件进行全面认真审核，C市要求办案部门送交审核的案件，应当预留适当的审核时间。A区则将办案部门呈报审核时限具体化，若未按照规定时间呈报，将在执法监督中予以扣分。如规定：刑事拘留呈报提请逮捕的案件，刑事拘留延长至7日的案件，在羁押时限到期之日前（不含节假日）报送法制大队审

核;刑事拘留延长至 30 日的案件,在羁押时限到期前提前 10 日报送法制大队审核。

表 4-4　法制部门审核耗时情况

B 县公安局	A 区公安局
法制大队大队长:审核刑事拘留最多半个小时,发现有问题的会马上与办案人员交换意见;审核逮捕、特别是团伙案件等要复杂些,有时可能看 1 天。	审核人员:审核刑事拘留简单的案件 10 分钟左右基本能看完,复杂的要一两个小时;审核提请逮捕一般简单的要看 2—4 小时,复杂的要审核一两天。

尽管法制部门在审核的内容和标准掌握上均高于办案人员和其他审核人员,但上述考察亦表明,对刑事拘留和提请逮捕的要求仍未充分体现限制国家权力行使的意义,对犯罪嫌疑人的权利与自由价值的关照仍显不足。

(1)对刑事拘留和提请逮捕多注重证据条件,对有无羁押必要性的关注和重视仍显不足。相较于其他要件,侦查人员对案件的证据条件多易达到,因此,侦查人员的申请多易获得批准,这反映出审核人员对办案人员的控制力度不够。进一步分析,上述把握尺度也容易使刑事拘留、逮捕的预防功能和程序保障性功能异化,强制措施可能成为侦查的附庸,羁押犯罪嫌疑人也会成为侦查的手段与常态,出现以捕代侦、以审待查、先捕后查,显然不利于对公民合法权益的保护。

(2)刑事拘留批准率、提请逮捕批准率均比较高。由于公安机关未设置办案部门向法制部门呈请刑事拘留和提请逮捕案件的执法台账,而只有已经批准刑事拘留和提请逮捕案件的台账,因此,无法从数据上准确反映刑事拘留批准率和提请逮捕批准率。但通过访谈了解到,批准率总体较高,不批准刑事拘留和提请逮捕的案件较少,主要为明显不够刑事处罚的或者犯罪嫌疑人自身状况不宜限制人身自由的情况。较高的批准率,表面看似乎说明办案人员掌握的呈报刑事拘留、提请逮捕的标准与审核人员比较一致,但在实践中,仍然存在着审核人员并未严格按照标准审核的情况,如刑事拘留并未严格遵守拘留的法定条件,在诸如轻微伤害、轻微盗窃、吸食毒品、经济纠纷等治安案件和一些自诉案件中滥用刑事拘留措施。这从另一方面反映了高批准率并非就完全是侦查人员执法水准高的表现,反而还可能是侦查权力控制亟待加强、人权保护水平亟待提高的最好注脚。

第五章　案件审核的方式

案件审核的方式在很大程度上影响着审核的效果。理论上讲，如果审核方式简单、粗疏，类似流水式作业，尽管有利于提高审核效率和侦查效率，但在权力控制方面的作用则可能明显不足。基于此，本章将就法制部门案件审核方式进行考察。考察主要从以下两个视角展开：一是书面审核与非书面审核。即审核是采取书面阅卷方式还是其他方式，审核制度的预期目标在上述审核方式下能否实现；二是个人审核与集体审核。这是在疑难案件审核中的两种审核组织模式。笔者将着重探讨在集体审核模式下，是否能够以及如何实现对侦查权的控制。

一、书面审核与非书面审核

关于案件审核的方式，公安部《公安机关法制部门工作规范》规定，案件审核以书面审核方式为主，必要时可以要求办案单位作出书面或口头说明。E省2012年《公安机关案件审核规则》除书面审核外，还规定法制部门在审核案件时遇有特定情形，应当与犯罪嫌疑人或者违法嫌疑人见面，当面核实有关情况。《C市公安局刑事案件审核工作规范》还规定必要时可以进行适度的调查取证，A区将这种调查取证进一步具体化为"直接讯（询）问嫌疑人、报案人或证人"。从文本规定看,审核人员书面阅卷审核是常态,要求办案单位作出说明是补充,见面核实、开展调查则属例外。实践中是否遵循这一原则?以下分别从几种审核方式进行考察。

(一) 书面审核

书面阅卷审核对案件处理的重要性在访谈中得到了法制部门审核人员的一致确认。不少审核人员表示,书面审核的过程实际上是就证据进行审查、核实以及对案件事实疑点进行排除的过程,大部分案件处理决定基本就形成于阅卷的过程,因此,它是审核案件的切入点,也是关键的一个步骤。

总体上看,与文本规定相一致,法制部门审核人员对案件大多采取书面阅卷方式审核。形成这种以书面审核为中心的主要原因在于:① 刑事拘留和逮捕都是较为严厉的刑事强制措施,一旦作出决定,会对犯罪嫌疑人的人身自由产生非常大的影响,尤其是逮捕措施。如果公安机关提请逮捕,将意味着犯罪嫌疑人有极高的概率被检察机关批准逮捕。所以法制部门必须慎重,应当对材料进行全面、认真审查,特别是排除证据之间的矛盾。② 从某种意义上讲,整个刑事诉讼程序就是以案卷笔录为中心的一个审查过程。一个案件的最终定性实际上在侦查终结形成案卷材料时就基本确定了。① 因此,案卷具有非常重要的意义,法制部门在审核时也必须对案件材料给予足够的重视。③ 就阅卷内容看,不论是刑事拘留还是提请逮捕,在实践中都有一定的证据标准要求,如刑事拘留必须具备两个基本(基本事实清楚、基本证据充分),提请逮捕必须有证据证明案件具备逮捕的三个要件。

---

① 左卫民教授通过实证研究表明,我国刑事案件材料主要在侦查阶段形成,此后的审查起诉阶段、审判阶段案件内容增加不多,特别是证据卷,侦查阶段形成的证据材料占据了整个案卷证据材料的绝大部分,其中逮捕前形成的案件证据又占整个侦查阶段证据材料的90%。参见左卫民:《中国刑事案卷制度研究:实证与比较法上的考察与前瞻》,载左卫民等:《中国刑事诉讼运行机制实证研究(二)》,法律出版社2009年第1版。

这些证据标准,会促使审核人员在具体进行阅卷时,尽量按照标准审查案件证据材料,比较关注证据之间是否能够形成或基本形成证据锁链。如果对证据审查不全面,容易导致审查结论出现偏差甚至错误,检察机关不批捕的可能性相应亦会增大。

为考察在书面审核方式下,能否实现对侦查权的控制,以下从阅卷顺序,对待无罪、罪轻的态度,审核报告三个方面对实践中审核人员如何阅卷进行分析阐述。

1. 阅卷顺序

法制审核人员的阅卷行为主要是围绕侦查人员报送的案卷材料进行书面审查。访谈表明,从案件分配到具体承办人开始阅卷,其顺序大体如下:

(1) 阅读《呈请刑事拘留报告书》或《呈请提请逮捕报告书》,掌握该案的基本犯罪事实和概况,以便确定案件性质,判明围绕该案定性的证据进行阅卷。

(2) 阅读《接受刑事案件登记表》《呈请立案报告书》《立案决定书》以及报案材料。这些材料具有两方面的具体作用:① 证明案件已经被立案,这是采取刑事拘留或提请逮捕的前提条件;② 帮助审核人员在最短时间内掌握案件事实的整体情况。尤其是在现行案件报送刑事拘留时,立案和刑事拘留审批同时进行,立案报告中既包括"发生了什么",也会较为详细描述"谁实施了犯罪",甚至比《呈请刑事拘留报告书》的内容更为详细。这样,通过阅读立案材料可以在最短时间内了解案件事实的概貌。

(3) 审查证据材料,以做到对整个案件情况有一个基本了解。证据材料多少与案件性质、难易程度等具体情况有关,一般而言,呈报刑事拘留材料较少,而提请逮捕案件证据材料相对较多。

就呈请逮捕案件对证据材料的阅卷顺序而言①，审核人员首先是从言词证据中的犯罪嫌疑人口供开始进行阅卷。之所以选择从口供开始阅卷，主要原因在于：

（1）在对案件定罪量刑时，对口供的依赖性依然很大，绝大多数案件都要求有口供。因而审核时也十分重视口供，审核人员谈道："在没有口供的情况下，除非有特别明显的证据证明有犯罪事实，提请逮捕还要形成证据锁链，我们才会签署同意意见。"

（2）通过犯罪嫌疑人口供笔录，可以迅速了解整个案件情况，即使犯罪嫌疑人所供述的内容不完全真实、可信，但能够作为呈报的口供，对于认定案件基本事实还需有其他证据予以印证。②

（3）通过犯罪嫌疑人的口供可以将其他证据串联起来，帮助审核人员从繁杂的案件证据中梳理出一根"红线"，便于从宏观上和全局上把握。

（4）通过审查口供，可以与其他证据进行相互印证，特别是书证、物证等非言词证据，必须与言词证据相结合才能与待证事实之间建立联系，否则难以单独发挥出书证的证明作用。在对犯罪嫌疑人口供审查、核实、印证过程中，也就完成了整个阅卷工作，梳理出了证据疑点。

当然，这只是大多数审核人员的方式，不同人员阅卷顺序、阅卷习

---

① 如前述，在申请刑事拘留时，收集的证据相对较少，形成的材料也较少，所以一般阅卷顺序比较简单，在此主要考察提请逮捕的阅卷顺序。

② 从侦查机关办案的实际情况看，在犯罪嫌疑人笔录的制作过程中，往往不会将犯罪嫌疑人的供述全部予以记载，一般记载的内容多数是犯罪嫌疑人的有罪供述，对于犯罪嫌疑人无罪或者罪轻的辩解往往记载不多，或者不予记载。侦查人员之所以这样做，最重要的原因还是认定犯罪事实过于依赖犯罪嫌疑人口供。此外，"无供不录案"的思想仍然长期主导着一线侦查人员的侦查思维和侦查行为。

惯亦存在差异。① 如 B 县的一名审核人员审核时,首先看案卷证据材料,再审呈请报告等;对证据材料,先看犯罪嫌疑人的材料,受害人、证人的材料,再核实其他物证、现场勘查笔录等。之所以不会首先阅读呈请报告,因为其认为,呈请报告由办案人员制作,可能带有办案人员的主观色彩,对事实的归纳可能经过筛选,如果先看呈请报告,容易导致先入为主。

2. 对待无罪、罪轻证据(矛盾证据)的态度

基于打击犯罪的考量和需要,侦查阶段办案人员收集的证据更多是证明犯罪嫌疑人有罪或罪重的材料,而对无罪、罪轻的证据有意无意加以忽视。比如犯罪嫌疑人的口供,基本上都是有罪供述。作为审核人员,阅卷过程就是对事实、证据予以核实并尽量排除证据矛盾的过程。阅卷中能否从权力控制和保护犯罪嫌疑人权利角度,对无罪或罪轻的证据给予足够重视,从而得出正确的审核结论?为了解审查刑

---

① 在与 C 市一位颇有实践经验的侦查人员的访谈中,她根据多年的审核经验,总结出了多种审核的方式,多种审核方式也可综合使用。比如:(1) 分类审核法,即把案件材料分为几大类,分别进行审核。一般可分为法律手续类(文书是否齐备、合法)、口供类(供述是否合理,对案件事实所作的供述与其他证据是否吻合)、受害人陈述、证人证言类,其他证据类(来源、关联、矛盾),各种报告类(审批手续是否完善)。(2) 对比审核法,即将证明案件同一问题或同一情节的材料放在一起,进行对比研究,看是否一致、有无矛盾。如审核作案时间,就可把报案人陈述的时间,嫌疑人供认的时间,证人反映的时间和侦查员认定的时间放在一起比对、分析。(3) 综合审核法。如果案件材料比较多,审核时一般采如下方法审核:先程序,后实体;先现场,后ود证;先证人,后嫌犯;先物证,后言证。(4) 三步审核法。首先对每一个证据进行单个审查,是否达到客观性、真实性、合法性的要求;再对证明案件同一事实或同一情节的证据进行组合审查,是否能够证明案件中同一事实或同一情节,相互之间有无矛盾;最后对全案证据进行综合审查,案件中每一事实、每一情节是否都有证据证明,证据之间是否一致,能否形成证据体系。(5) 六步审核法。① 对案发经过进行审查——重点审查案件来源,如接报警情况、嫌疑人到案经过、破案经过是否一致。如为侦查发现的,重点审查有无嫌疑人自首、立功等情况。② 对作案经过进行审查——重点审查嫌疑人供述的经过与客观证据、受害人、证人等证实的情况是否一致。③ 对侦查、强制措施进行审查——重点审查采取措施是否合法、适当,证据来源是否明确,现场勘查、搜查、辨认、检验、鉴定等是否规范,能否印证案件事实,与受害人陈述、嫌疑人供述是否一致,与案件其他证据有无矛盾,能否补强口供。④ 对受害人、证人材料进行审查——重点审查与案件的关系,是否客观真实,与其他证据有无矛盾。⑤ 对嫌疑人供述进行审查——重点审查供述是否合理,前后有无矛盾,动机目的是否清楚,能否与其他证据相互印证。⑥ 对其他材料进行审查——如有无管辖权、追诉期过否、嫌疑人有无责任能力、文书制作是否规范等。

事拘留、提请逮捕起诉实践中,审核人员如何对待此类证据,笔者通过问卷调查的形式进行考察。考察结果如表5-1。

表5-1　问卷调查表

总调查人数	调查问题:作为法制部门审核人员,你在审查刑事拘留或提请逮捕案件时是否注意对犯罪嫌疑人无罪、罪轻证据的审查?		
	十分注意,并能客观对待	十分注意,但总是主观上想排除该类证据	不注意
22(人)	22(人)	0(人)	0(人)

表5-1表明,对于问卷中提出的阅卷过程中是否注意对无罪罪轻证据的审查进行选择时,22人均选择十分注意,并能客观对待;而对"十分注意,但总是主观上想排除该类证据"和"不注意"这两个选项,无人选择。以上数据说明,总体上讲审核人员均比较注意涉及犯罪嫌疑人无罪、罪轻证据。这亦与访谈得到的情况基本一致。究其原因,接受调查的审核人员介绍说,审核人员的职责定位不同于侦查人员,应该站在客观公正的第三方立场对待证据材料,如果不能公正地对待这些证据,可能导致发生冤假错案,审核人员也会因此承担相应的过错责任。[①] 案件审核的目的就在于通过对案件的侦破过程、取证方式、证据证明力、刑事法律措施的适用等情况进行审查、核实,准确认定案件性质和事实,以保障案件质量,达到定性准确,适用法律正确,发现并排除疑点,补强证据,保障证据证明力的目标。这些无罪、罪轻证据的存在,显然会对案件的处理产生影响,必须对这些证据予以高度关注。如果这些证据在审查中得不到排除,审核人员无法形成内心确信,其必然无法作出同意刑事拘留或提请逮捕的决定,即使同意,也可能面临检察机关不予批捕的风险。因此,实践中审核人员比较注重对无罪、罪轻证据的核实和矛盾证据的核实。

3. 审核报告的制作

A区和B县对刑事拘留或提请逮捕审核是否形成书面的材料,方

[①] 关于审核责任问题,将在下一章进行讨论。

式不一,两地审核刑事拘留均不要求制作审核报告,审核人员进行书面审核后,直接在《呈请刑事拘留报告书》中审核意见栏里签署意见。原因在于:

(1)由于刑事拘留条件相对较低,且呈报刑事拘留时形成的材料较少,审查材料并不复杂,无必要制作审核报告。

(2)每天办案单位呈报刑事拘留的量较大,特别是在开展专项行动期间,有时一天可能呈报十几个人的刑事拘留,因此审核人员亦无时间制作规范的审核报告。

对审核提请逮捕案件是否形成书面材料、形成什么样的材料,两地有所差异。A区要求必须制作审核报告。审核人员审核一些重要执法行为的采取、变更,需要制作审核报告,是C市公安局文件中规定的。C市公安机关不仅将其作为保证案件质量的重要手段,甚至还把其作为衡量审核人员工作态度的重要指标。① 之所以这样做,其目的在于:① 规范执法行为,按照执法规范化建设的要求,应当统一审核程序和相关内容;② 加大审核责任,所有审核报告均存档备查,如果发生错案,审核报告可以作为认定和划分责任的依据。为规范审核报告的制作,C市公安局还专门下发了《刑事案件审核报告范例》,从审核报告的标题到内容如何制作都进行了规范,要求审核报告内容应载明移送审查单位、收案时间、犯罪嫌疑人基本情况、案件来源、犯罪嫌疑人归案经过、侦查单位认定的简要案情、主要证据复核情况、存在问题、下一步工作建议、审核人意见等,这在A区得到了推行。但是,不同审核人员制作的审核报告内容详略上也不尽相同。如以下两份分别由

---

① 《C市公安局刑事案件审核工作规范》第12条规定,下列案件,审核人员应当制作审核报告,并呈报本级审核部门领导审批:(1)提请批准逮捕、移送审查起诉的案件;(2)刑事拘留或者逮捕后呈请释放、变更强制措施的案件;(3)呈请撤销的案件;(4)拟退回办案部门补充侦查的案件;(5)需要提请集体审议的其他案件。第13条规定,审核报告应当详细记载下列事项:(1)案名、办案单位、审核人以及审核时间;(2)犯罪嫌疑人的基本情况、前科情况以及此次被采取刑事强制措施的开始时间;(3)立、破案的基本情况;(4)办案部门认定的案件事实、证据和处理意见;(5)审核人员审核后认定的事实、证据及处理意见和依据。

A区公安分局的徐某和李某制作的审核报告:

勒某盗窃　提请逮捕案审核报告

移送审查单位:某派出所　　　办案人员:徐某　李某

收案时间:2012年10月14日

犯罪嫌疑人基本情况:(略)

案件来源:

　　犯罪嫌疑人勒某涉嫌盗窃罪一案,由玉某于2012年6月17日报案至我分局,经过审查,我分局于当日立案进行侦查。

犯罪嫌疑人归案经过:

　　民警在巡逻中发现该人可疑,将其抓获后审查发现。

侦查单位认定的简要案情:

　　2012年6月17日8时许,犯罪嫌疑人勒某窜至C市A区一环路南一段某招待所路边,采取爬电杆、翻墙、翻窗方式进入招待所418号房间卫生间,再进入客房将受害人玉某放在衣帽架上的裤子偷到卫生间,再将受害人玉某放在裤兜内的人民币3 700元盗走后逃离。经民警侦查工作,于2009年9月13日7时许在某某市门口将犯罪嫌疑人勒某抓获。经审查犯罪嫌疑人勒某对上述犯罪事实供认不讳。

主要证据复核情况:

　　1. 抓获经过;

　　2. 犯罪嫌疑人勒某讯问笔录:对其犯罪事实供认不讳;

　　3. 现场勘验检查笔录、现场指认照片;

　　4. 受害人玉某询问笔录及电话询问笔录:证实其被盗现金3 700元;

　　5. 证人颜某:为某招待所服务员,其证实盗窃案的发生;

　　6. 指纹鉴定书:经过鉴定,犯罪现场遗留的指纹为犯罪嫌疑人勒某的;

　　7. 犯罪嫌疑人勒某尿检报告及强制隔离戒毒决定书;

8. 犯罪嫌疑人勒某户口及前科材料。

对下一步侦查工作的建议:无

审核人意见:建议报捕

审核人:徐某

2012 年 10 月 14 日

查某、吕某抢劫 提请逮捕审核报告

移送审核单位:某派出所

收案时间:2011 年 8 月 18 日

犯罪嫌疑人基本情况:(略)

犯罪嫌疑人:查某　吕某

案件来源:

　　犯罪嫌疑人查某、吕某因涉嫌抢劫罪一案,由秦某于 2013 年 5 月 25 日报案至我分局,经过审查,我分局于当日立案进行侦查。

犯罪嫌疑人归案经过:

　　2011 年 7 月 23 日 14 时 40 分,民警王某、杨某通过 QQ 号上网记录,在本市某镇某村 5 组一无名网吧内将查、吕抓获。

侦查单位认定的简要案情:

　　2011 年 5 月 24 日 21 时许,查某在本市某镇一网吧内使用"独守空房"网名上网认识了受害人秦某。熟悉后查约秦某到宾馆过夜。当晚,查某和男友吕某预谋约秦出来,吕某又约来朋友赵某、罗某(已逮捕)。等秦添刚到约定的地点,吕等人将秦押上车开至某村茶楼,抢走秦的白色摩托罗拉手机一部(价值 836 元),现金 400 元。

主要证据复核情况:

　　1. 抓获经过;

　　2. 查某、吕某的供述;

　　3. 受害人秦某的陈述;

　　4. 辨认照片和笔录;

5. 现场图和照片；

6. 赵某的供述；

7. 估价证明。

存在的问题：

1. 延长刑事拘留通知书内理由填写不全；

2. 讯问女犯罪嫌疑人无女民警在场；

3. 辨认使用黑白照片；

4. 伤情照片使用黑白照片并且无说明；

5. 无某村茶楼的调查情况。

审核人意见：建议对查某、吕某移交检察院批准逮捕。

审核人：李某
2011 年 8 月 18 日

上述两份审核报告内容基本一致，区别在于对证据复核情况的表述上。第一个报告不仅罗列了经复核的证据，且比较详细地说明了每一个证据所证明的犯罪事实相关要素，而后者仅有证据的罗列，并未注明证据的证明内容。C 市公安局下发的《刑事案件审核报告范例》中，对证据审核的要求是载明对主要证据进行复核的情况，包括罗列主要证据名称、归纳该证据所证明的案件事实。据 C 市有关负责人介绍，制作审核报告的目的是为了反映对证据事实的核实认定情况，因此在报告中应当对证据的证明力加以说明。相比之下，前一份审核报告更为规范和科学。为检查 C 市公安局《刑事案件审核工作规范》的落实情况，C 市还开展了专门检查，发现存在的一大问题，即是审核报告中证据复核内容简单，仅对证据项进行了复制。之所以执行情况不尽理想，原因在于：

（1）基层法制部门审核人员日常承担的工作量大，在审核时间紧张的情况下，更多时间用在审阅案卷材料、形成审议意见上，而对审核报告的规范制作有所忽视。

（2）仍有部分审核人员认为审核报告摘录的内容仅仅反映审核

过程，审核最终结果体现在科长、局领导的签字上，有时形成规范的审核报告和审核卷宗，程序并不比办案简单。尽管如此，C市公安法制部门仍在继续大力推行制作规范的审核报告。

在B县，所属的D市公安局对此无明确规定，因此，对提请逮捕没有明文要求必须制作阅卷笔录或审核报告。2007年前，法制大队设计了《刑事案件内审表》，要求审核人员的审核情况在其中有所反映。2007年后，《案件审核内审表》停用，采用填写《刑事案件跟踪审核登记表》的方式记载案件审核的有关情况。此表要求从审核刑事拘留开始填写，既记录审核情况，也记载审核中发现的问题。《刑事案件审核跟踪登记表》如表5-2。

表5-2　B县公安局刑事案件跟踪审核登记表

承办单位	某刑警中队	承办人	杨某　赵某	
案由	诈骗	案卷总数	卷	
			页	
犯罪嫌疑人基本情况				
姓名	性别	年龄	前科	职业	住址
徐某	男	19	治安拘留10日	无业	某镇某村1组
杜某	男	18	无	无业	某镇某村5组
承办单位	某刑警中队	承办人	杨某　赵某	
简要案情 　　2011年6月23日15时许，徐某、杜某二人因无钱而生诈骗朋友梁平的摩托车卖钱的想法，二人即到某镇213国道李记汽修厂，由徐某进厂将梁平的摩托车骗出后，二人将车骑到富某镇、始C镇销赃未果，又于6月26日骑到某镇市场街太阳摩托车行销赃时，被公安机关抓获。经物价部门鉴定，被诈骗的摩托车价值为2 030元。				

（续表）

法制员或部门负责人审核情况（包括存在的问题和处理意见）：
1. 建议呈请刑事拘留（2011年7月7日）。 2. 建议对徐某、杜某延长拘留期限至30（2011年7月10日）。 3. 建议对徐某、杜某呈请提请批准逮捕（2011年7月14日）。 4. 建议移送起诉（2011年8月5日）。

（正面）

法制大队审核情况（包括存在的问题和处理意见）	1. 案卷装订顺序有误； 2. 接受刑事案件登记表领导批示一栏填写不规范； 3. 询问证人或犯罪嫌疑人时应告知其权利。 　　　　　　　　黄某　2011年7月14日 该案移送起诉符合条件。 　　　　　　　　喻某　2011年8月6日
扣分情况	

注意：
　　1. 该表流转于办案全过程并作为个案审核考评依据，该表在案件终结后交法制大队保存。
　　2. 严格落实法制员初审，部门负责人复审，法制大队再审制度。
　　3. 审核标准按市、县局制定的《执法办案案件评分标准》进行。
　　4. 兼职法制员、承办单位对案件未审核的，每案扣10分，不认真审核的扣5分。
　　5. 法制大队将每月对个案考评和得分情况视情进行通报。

（反面）

从上表看，其主要功能并非记载核实证据的情况，因为表中除简单的案情摘录外，并无相关证据的记载和说明，更无审核人员对证据进行审查、核实以及证据的证明力等情况的记载。因此，上表更多起到了案件管理与登记的作用。

考察还发现，A区和B县尽管对刑事拘留审核无审核报告或记录，但对审核中发现证据方面存在的问题，以及需要进一步侦查核实补充的证据、完善的程序，审核人员在同意刑事拘留的同时，通常会采取多种方式为办案人员进行下一步侦查工作的指引。在A区，这种指引反映在《刑事拘留补充侦查提纲》中，要求审核每件刑事拘留案件时都要填写《刑事拘留补充侦查提纲》,一式两份,一份交给办案人员,一份由法制部门留底备查。在此案件提请批捕时,审核人员在全案审核的基础上,着重审核办案人员是否按照补充侦查提纲所列内容进行补充。为保证这一制度的落实,A区还将此作为对审核民警考核的内容之一。补充侦查提纲样式,如表5-3所示。

表5-3 A区分局法制大队审批刑事拘留案件补充侦查提纲

法制大队值班审核人员		杨某	审批刑事拘留时间		2013年6月16日
办案单位		某派出所	办案人	黄某	王某
案件性质		诈骗	嫌疑人姓名		苏某
要求补充证据内容					
1. 提取苏某农业银行账户案发时的汇款记录。 2. 应补充苏某于何时离厂,是否向厂方提交辞职信,被厂方开除的具体时间,该人回厂提取私人物品的具体时间,是在存汇款之前还是之后(现在无法判断该案性质)。 3. 立案对犯罪嫌疑人适用继续盘问不当。					
收件人	唐某				

备注:注意保密、保存,报卷时此表交法制大队存档(不入卷)

B县虽无专门的《刑事拘留补充侦查提纲》,但相关内容和要求体现在《刑事案件跟踪审核登记表》中,如在B县对李某涉嫌盗窃车辆案件刑事拘留的审核中,法制大队审核情况栏中填写内容如下:

> 该案基本事实、证据清楚,但部分细节没有弄清,待刑事拘留后查证清楚:(1)现场勘查只反映环境,但没有反映具体的客观内容,如被盗车辆停放的位置,被盗车辆被发现的地方,标出距离;(2)虽然犯罪嫌疑人已经交代,但缺少犯罪嫌疑人指认现场的内容。

从一定意义上讲,上述指引带有指导侦查的意蕴。在承担审核职能的同时为何还要指导侦查?访谈表明,其主要目的是使民警下一步的侦查工作更具针对性,审核人员在审核刑事拘留时,除提出是否同意刑事拘留的意见外,还把提请逮捕的审核关口前移,提出从逮捕的角度审查需要补充完善哪些证据,可以为下一步侦查取证指明方向。此外,从执法规范化角度,也可以使民警收集的材料更加规范,证明力更强,因为法制部门的审核仅仅是对报送的证据材料进行审核,是从案件事实角度进行的。当然,审核人员均表示,并非办案人员按照提纲规定补充证据后就一定会获得批准,审核人员仍然会进行全案审核,只是突出审核重点。原因在于:

(1)办案人员补充侦查是否完备,是否达到要求,还须根据全案进行审查。

(2)很多情形下列出补充提纲的审核人员与审核提请逮捕的人员并非同一人,而不同审核人员对证据效力的认定上存在差异,因此即便办案人员按照提纲补全,审核人员也会按照自己掌握的标准进行全案审核,这在A区更为突出。

(3)在申请刑事拘留时案情可能还未全部查清,比如在提请逮捕期间可能发现有新的罪行或者其他特殊情况,这也需要全案审核。

(二)非书面审核

1. 听取汇报

在公安部、E省以及C市、D市的文本规定中,均把书面阅卷审核确定为主要的审核方式,但必要时审核人员也可以要求办案单位作出书面或口头说明。而办案单位进行书面或口头说明,主要目的是进一步核实有关证据,特别是排除证据之间的疑点和矛盾。

两地审核人员均认为,一般情况下,对绝大部分案件书面阅卷可以获得比较充足的案件信息,而听取口头汇报也是有益的补充。在书面审核的大多数情况下,审核人员均会听取办案人员汇报,尤其是口头汇报。以下问卷调查数据还表明,审核刑事拘留时听取办案人员口头汇报比例更高,采取书面审核与听取汇报同时进行的比例达到62.5%,而在审核提请逮捕时,采取书面审核与听取汇报同时进行的比例为37.5%。具体情况如表5-4、表5-5所示。

表5-4 问卷调查表

总调查人数	调查问题:你在审核刑事拘留时,通常会采取以下哪种审核方式?			
	书面	听取口头汇报	书面与听取口头汇报同时进行	调查
22(人)	14(人)	0(人)	8(人)	0(人)

表5-5 问卷调查表

总调查人数	调查问题:你在审核提请逮捕时,通常会采取以下哪些审核方式?(可多选)			
	书面	听取口头汇报	书面与听取口头汇报同时进行	调查
22(人)	22(人)	2(人)	13(人)	6(人)

为何实践中会运用听取汇报特别是口头汇报的方式?经过进一步访谈可以发现主要基于以下原因:

(1)核实案情。在审核过程中,审核人员若对案件中的某个情况不清楚,或认为证据之间存在矛盾、证据本身有问题,会及时向办案人员提问,核实证据情况,这样可节省时间,提高效率。

(2)可以了解案件材料无法反映的情况或案情之外的因素,案件材料无法反映的情况,如侵财性案件中受害人的态度、交通肇事案中犯罪嫌疑人是否进行积极赔付;案情之外的因素,如案件的背景、涉及的社会关系等。对这些情况和因素的了解把握,有利于审核人员综合考虑,提出审核意见。

听取汇报是否会影响审核人员对证据材料作出独立判断?访谈中审核人员均表示不会。理由是:

(1)是否听取汇报的决定权在审核人员,即便办案人员在审核现场,审核人员若不主动提问,办案人员一般不会就案情主动陈述。

(2)按照案卷排他性原则,办案人员口头汇报的情况也应得到相关材料的印证,如果不能印证,审核人员通常亦不予采纳。但是,受访人员也表示,案情之外的因素会使他们在审核时更加谨慎,对如何更为妥善地处理案件,达到法律效果、社会效果和政治效果统一的考量更多。

2. 见面核实

根据 E 省 2012 年《公安机关案件审核规定》,法制部门在审核案件时,遇有下列情形之一的,应当与犯罪嫌疑人或者违法嫌疑人见面,当面核实有关情况:

(1) 有证据表明侦查、调查过程中可能存在刑讯逼供、暴力取证等行为的。

(2) 关键证据存在疑点,影响违法犯罪事实认定的。

(3) 犯罪嫌疑人系未成年人的。

(4) 案情重大疑难复杂,需要见面核实的。

(5) 有其他重大执法问题,需要见面核实的。

之所以做此规定,据起草该规定的负责人介绍,主要基于以下考虑:

(1) 有时侦查人员在办案中可能出现的一些违反法律或程序的情形,如果只限于书面阅卷,难以发现。

(2) 对于一些特定人群,如未成年人,从保护人权的角度,为慎重起见,需要与犯罪嫌疑人见面。

(3) 对于一些重大疑难案件,希望通过当面核实消除疑问,查清事实。

尽管有此规定,但是在实践中落实情况并不理想。B 县公安局法制部门审核人员表示,在刑事拘留和提请逮捕阶段,几乎没有见面核实,主要是审核人员太少而审核案件数量多压力大,没有充足的时间进行见面核实。A 区落实情况稍好,对未成年人嫌疑人一般要见面。

3. 适度调查

审核人员在审核过程中可以开展适度调查,在公安部和 E 省公安厅有关案件审核的规定中均未提及,而 C 市公安局刑事案件审核规范中对此作出了规定。当然,在 E 省之外的其他省市,以及 E 省的其他一些市州,也有相似的规定。尽管如此,调查式审核还未得到更高层次的认可和更为普遍的推行。据 C 市公安法制部门负责人介绍,规定审核人员可以开展适度调查,主要目的是为核实证据和有关情况,以得出正确的审核结论。之所以界定为"适度调查",因为审核人员不是侦查人员,不承担侦查任务,不能采取勘查、搜查、扣押等侦查手段直接参与案件办理,适度调查仍以核实案件已经收集的证据情况为目的和限度。因此,适度调查的方式通常只限于讯问犯罪嫌疑人、询问证人、被害人等。C 市的适度调查规定与 E 省的见面核实又略有区别,在适用对象上,C 市适度调查还包括证人、被害人等。

在实践中,调查式审核运用情况如何?受访审核人员表示,案件审核中采取适度调查方式的比例很少,约占百分之二三的比例。主要在以下情况下采取:

(1)从时间段考察,采取适度调查主要在呈报逮捕阶段。如犯罪嫌疑人在刑事拘留时交代了犯罪事实、但提请逮捕时又出现了新说法,证据发生重大变化,此时就会与犯罪嫌疑人见面核实证据。

(2)从案件难易程度考察,多用于较复杂的案件,如团伙作案中几个犯罪嫌疑人供述不一致,证据上存在冲突,就需要排除合理怀疑。此外,对于某些社会关注度和领导关注度较高的案件,为慎重起见,亦会开展相关调查,对关键证据进行复核。

(3)从调查的方式上考察,主要采取询问证人、受害人、讯问犯罪嫌疑人等方式。

以上通过对几种审核方式实际运行状态的描述分析,说明在实践中,以书面阅卷为主、非书面审核(听取汇报、见面核实、适度调查)为辅的审核方式已经得以确立。而这种以书面审核为中心,以非书面审核为补充的方式,在法制员、办案部门负责人、局领导审核环节均体现不充分,相比之下,除法制部门之外的层级的审核方式简单粗疏。在法制员审核环节,B 县公安局法制员谈到,一般情况下签署意见时,只是简单看一看主要的材料。在部门领导审核环节,A 区一派出所副所长介绍,由于部门领导通常全程参与了案件的侦查,或者至少从案发后就基本了解案件的进展情况①,因此,收到刑事拘留或提请逮捕报告后,通常无须看材料,办案人员简单汇报案情,直接签字。② 局领导也基本不看案件材料,只要有法制部门的意见,或者简单问问情况就签署意见。③

(三) 小结

在此基础上,可以得出一个大致的结论:目前法制部门采用的以书面审核为主、非书面方式为辅的审核方式,对侦查权的行使形成了一定程度的监督制约。

(1) 采取以书面阅卷审核为中心的方式,属于客观化的证明机制。如果缺乏书面申请、证据或线索材料,案件通常不会被受理,其精神是"无卷宗即不存在"(欧陆法系),科层式程序的运作产生"质量控制"的效果,即保证侦查人员严格按照规则行事,避免发生错误。

(2) 从书面审核方式看,无论是从审核人员阅卷顺序、对待无罪、罪轻证据的态度以及阅卷笔录制作过程看,实质上都是围绕如何通过不同的形式实现对证据的全面审查,从而排除证据之间的疑点,作出拘留或提请逮捕与否的决定。书面、规范、细密的卷宗审查方式确保了刑事拘留和提请逮捕审核的正当性。审核人员审核案件时,通常采取阅卷方式审查证据,在此基础上作出事实判断。审查过程中,证据之间相互印证的"印证式"证明方式得到较为充分的利用。

---

① 目前公安局基层所、队普遍实行早会制,即每天早上所、队的同志一起开会碰个头,将头一天案件接、处警情况进行通报,其中也包括办理的刑事案件的进展情况,比如证据收集情况,还有哪些证据需要收集,办案人员都会在会上通报,因此,所、队领导基本上了解案件的进展情况。

② 之所以界定为"通常情况下",内地派出所和刑警队领导均表示,对于一些比较重大、复杂、疑难的案件或者新进民警办理的案件,由于担心办案人员在对案件定性、证据收集的掌握上存在问题,还是会简单看一下。

③ 当然,这也和局长本人的风格、案件多少、本人经历等有关,如 B 县曾经分管法制工作的副局长,原来在 F 县担任副局长,由于案件相对比较少,并且是法制大队科长出身,所以,在时间允许的情况下,审批案卷时会翻看材料,而到了 B 县,案件数量增多,日常事务也多,因此,基本上无时间认真翻阅案卷材料。

（3）从阅卷之外的三种非书面方式看，最终目的是为了帮助审核人员核实证据，查明案件事实，从而作出正确的刑事拘留或提请逮捕的决定。即便采取调查方式，也与侦查部门的调查方式有异，控制在一定权限之内，目的仍是从客观公正的角度对证据进行核实，并未代替或继续侦查人员的案侦工作。

法制部门的审核方式能够较为有效地监督侦查权的行使，这一结论在调查问卷中也得到了证实。接受调查的 30 人中，50% 认为审核方式"能有效监督侦查权力的行使，但力度有限"；37.5% 认为"能够有效监督"；12.5% 认为"能，但需要配合其他一些手段"。无一人认为审核方式不能监督侦查权力的行使。这也与陈涛等在 S 省 4 个县市公安机关考察调研得出的结论基本一致。① 当然，在访谈中，法制审核人员和办案人员均表示，能否通过阅卷对侦查权实施有效控制，还与审核人员的自身素质和案件处理经验有关。如果审核人员处理经验丰富，并且抓住细节认真审查，是可以发现案卷中的一些虚假性材料以及违法取得的材料。E 省公安厅法制部门负责人谈到，有经验、高素质的审核人员必须具备以下几种能力：对证据的形成有认识能力、对证据的真伪有判断能力、对证据的收集有指导能力、对证据的使用有预见能力。

表 5-6　问卷调查表

总调查人数	问题：你认为通过目前审核人员的审核方式（书面、听取口头汇报、适度调查）能否有效地监督侦查人员权力的行使			
	不能	能，但力度有限	能够有效监督	能，但需要配合其他一些手段
30(人)		15(人)	11(人)	4(人)

但是，从权力控制的角度，当下的审核方式也不无问题，非理性化因素仍然存在：

---

① 参见陈涛、李森、闫永黎：《侦查权内部控制实证研究》，载《中国刑事法杂志》2011 年第 6 期。

(1) 非规范化运作。对于在审核时是否制作记载审核情况的报告、审核报告的内容和形式,A 区与 B 县差异很大,即便在规范化程度相对较高的 A 区,不同审核人员之间也存在差别。

(2) 非书面审核方式运用较少,特别是在一些特殊情况下需要通过非书面方式进一步核实或者排除疑点时,并没有充分运用。

(3) 尽管法制部门不直接担负侦查职能,但秉持的犯罪控制理念在审核方式中体现得较为明显。突出表现在审核后的指导侦查。从积极意义上评价,指导侦查可以规范、引导办案人员的取证调查工作,防止侦查权力的滥用;但从其指引的内容看,更多是基于如何证明犯罪嫌疑人有罪、如何使犯罪嫌疑人受到法律追诉的角度,为办案部门提供服务和指导,即犯罪嫌疑人刑事拘留之后如何收集证据达到逮捕标准,怎样保证批捕之后顺利移送人民检察院审查起诉。

二、集体审核:对重大、复杂、疑难案件的审核方式

在常态情况下,按照谁审核、谁负责的原则,案件审核实行个人审核,即审核人员审核后签署意见,按照规定呈报有关领导审批。而对于一些重大、疑难、复杂案件,两地均实行集体审议。个人审核有关程序、方式在第二章以及本章第二节已作描述和探讨。以下重点关注集体审核方式。

(一) 集体审核的两种模式

关于集体审议制度,公安部有关案件审核的规定中无明确规定,但在其他一些文件中提及,并将其纳入公安执法制度建设的范畴。如《公安机关法制部门工作规范》规定,公安法制部门应当建立健全对重大、疑难、复杂案件集体审议制度,落实工作责任,确保办案质量,有针对性地解决案件审核中发现的问题。E 省于 2010 年专门制定了《E 省公安机关案件集体合议规定》,将案件集体合议作为对重大、疑难、复

杂、敏感的案件进行集体研究、共同决策的一种执法管理措施,并规定了6种应当集体合议的情况,涉及案件审核审批中的集体合议情形有:法制部门在案件审核过程中,认为属于重大、疑难、复杂、敏感的案件,需要提请集体合议的;法制部门与执法部门意见不一致,一方或者双方认为需要提请集体合议的;公安机关负责人在审批案件过程中,认为属于重大、疑难、复杂、敏感案件,需要提请集体合议的。此外,各级公安机关也可以结合实际,确定需要集体合议的案件范围。《规定》还对合议的提起、组织、决策程序等进行了规范。① 《C市公安局刑事案件审核工作规范》第17条规定,法制部门应当建立重大、疑难、复杂案件的集体审议制度,确保案件审核质量。集体审议机构的领导、成员和案件审核人员应当平等、独立发表意见,以少数服从多数的原则作出决定,并以书面记录入卷备查。第18条具体列出了应当集体审议的案件。② A区公安分局也将专人审核和集体研究审核相结合作为审核的原则之一,并专门制定了《重大疑难案件集体审核制度》,详细规定了集体审核的组织机构、审核范围、审核方式等。B县公安局亦有类似的原则规定,在案件审核中,"必要时法制大队大队长可报告分管局长商请办案单位领导和办案人员共同研究决定"。当然,上述规范中的集体审议制度,是一种较为正式规范的模式,一般都有局领导参加,也有着一定的范式和程序。而在实践中,除上述集体审核制度外,还有法制部门内部的集体讨论,这是一种非正式的、随意性较大的方式。

---

① 《E省公安机关案件集体合议规定》中,将集体合议界定为"对重大、疑难、复杂、敏感案件进行集体研究,共同决策的一种执法管理措施"。

② 《C市公安局刑事案件审核工作规范》第18条规定:"下列刑事案件,应当集体审议:(一)刑事拘留、逮捕后拟释放、变更强制措施的案件;(二)拟改变办案单位处理意见的案件;(三)涉外及港、澳、台的案件;(四)共同犯罪案件中,拟对已经采取刑事强制措施的同案嫌疑人不予处理的案件;(五)对检察机关不批捕、不起诉决定需要复议、复核的案件;(六)审核部门内部对认定罪与非罪、此罪与彼罪存在重大争议的案件;(七)审核人员认为需要集体审议,审核部门领导同意的案件;(八)审核部门领导决定集体审议的案件;(九)拟对办案部门发《督促整改通知书》和个案通报的案件;(十)其他重大、复杂、疑难需要集体审议的案件。"

1. 局领导参加的集体审核

局领导参加的集体审核一般都有相应的制度规定,即便缺乏制度,也有约定俗成的范式。A区分局成立了重大、疑难案件集体审批小组,由分管法制的副分局长任组长,法制大队大队长、刑警大队大队长任副组长,法制大队副大队长、刑警大队副大队长为成员。法制大队、刑警大队确定数名业务骨干作为列席人员,列席人员名单由各科、队提名。案件集体审核时,法制大队案件承办人员、办案单位承办人员列席会议,参与案件讨论,但没有表决权。集体审核会议参加人数不得少于小组成员的1/2,每周二、四上午定期召开,由审核小组组长主持。如案件有特殊需要,可由审核小组成员提出申请,组长决定临时召开。B县公安局集体审核尽管未固定合议时间,但参加人员相对固定,由分管法制、刑事侦查的局领导,办案部门负责人、承办人、法制员,法制部门负责人、审核人参加,有时还会邀请治安部门的负责人参加,有些案件甚至会邀请当地党委、政府领导参加。

2. 科室范围内的集体审议

科室范围内的集体审议随意性较大。在B县,如果审核人员在审核时认为有问题不易把握,如无法确定犯罪嫌疑人是否构成犯罪、是否应采取强制措施,就会主动提出让其他审核人员也看看案卷材料,之后大家讨论,形成相对一致的意见。因为在B县大、要案件和疑难、复杂案件并不多,所以一般审核人员自己能够把握,需要进行集体审议的并不多见。在A区,科室审议一般情况下由科领导主持,3人以上单数人员参加,一般除科领导外,还有审核民警、执法监督民警[①],有时也可以请办案部门参加,最后按照少数服从多数的原则提出审核意见。

(二) 集体审议的案件范围

无论是局领导参加的集体审核,还是科室范围内的集体审议,对

---

① 在A区,法制大队的岗位定责中专设了执法监督民警,其职责是在本级公安机关和执法监督领导小组的领导下,负责对本单位执法情况的巡查、指导和监督。

于在审核刑事拘留和提请逮捕中,哪些案件应提交集体讨论,尽管有的规定明确(如 A 区对局领导参加的集体审核),有的没有固定文本,但并非完全处于一种任意状态,在实践中仍然形成并遵循着一定的标准。

就局领导参加的集体审核案件范围而言,A 区公安分局主要包括以下案件:拟改变办案单位处理意见的复杂、疑难案件;涉外及港、澳、台的案件;审核部门内部对认定罪与非罪、此罪与彼罪存在重大争议的案件;审核人员认为需要集体审议,审核部门领导同意的案件;审核部门领导决定集体审议的案件;拟对办案部门发出《督促整改通知书》和个案通报的案件;其他重大、复杂、疑难需要集体审议的案件。B 县公安局纳入集体审核的案件范围规定不如 A 区具体明确,主要是涉及社会稳定的、涉及民警犯罪的,以及办案单位与法制部门意见存在较大分歧的案件。从上述审核案件范围看,除重大疑难案件外,更大量的集体审核案件是法制部门与办案部门存在争议、拟改变办案部门意见的案件。

相比于局领导参加的案件讨论范围,A 区和 B 县对科室范围内集体讨论的案件范围都无规定,标准模糊,只要在实践中"认为需要集体讨论",就可以在科室内进行讨论。如 B 县公安局法制大队讨论的案件主要是寻衅滋事案件和经济犯罪案件,而对于盗窃、抢夺等常见性案件一般不需要研究。

(三)集体审议的过程

根据访谈与观察,局领导参加的集体审核程序,两地具有共性,这不仅体现在具体的讨论过程,也表现为讨论的结果方面。

讨论总体上按照如下程序进行:

(1)案件审核承办人根据自己的审查情况汇报案件的事实与证据,其中重点陈述案件的事实与证据、初步处理意见以及需要讨论的问题。A 区还要求承办人员提前制作"阅卷笔录",包括案情介绍,承办人意见及处理依据等。召开审核会议时,承办人员应按照无纸化办公的要求,通过多媒体资料汇报案件情况,并提交"阅卷笔录"。

（2）法制大队长汇报法制大队集体审议的意见。

（3）参加人员分别发言。

（4）局领导综合讨论发言的情况并作出决定。

在这一过程中,有以下几方面的情况值得关注:

（1）在讨论过程中起主导作用的除局领导之外,还有审核人员、法制大队长。在审核人员拟改变办案部门意见案件中,办案部门负责人也要积极参与。审核人员既要汇报案件的事实与证据,又要回答其他参会人员的提问,自然处于非常重要的地位;法制大队长一方面作为案件审核单位的负责人,另一方面也主持过科室范围内的集体讨论,因此他们在案件讨论中也处于比较重要的位置。办案部门负责人则是从侦查的角度阐述办案人员收集的证据、认定的事实,力争所提的意见获得批准。

（2）集体审议中讨论的时间不长,讨论过程主要是参加审核的人员依次提出自己看法的过程,然后是局领导提问。审议中,互相讨论、交换意见的场景比较常见,特别是法制部门与办案部门意见存在重大分歧的时候,双方往往会就案件的证据、案件处理的后果等展开较为激烈的讨论。① 在讨论过程中,局领导也会就案件的证据情况等向审核案件的承办人、法制大队长以及办案部门负责人提问。A 区法制大队大队长表示,一方面,在与办案部门意见不一致的情况下,法制部门必须提出自己的意见,向局领导陈述、分析若按照办案部门意见处理后,可能出现什么后果、存在什么执法风险,以便领导作出正确的判断,另一方面,也可以避免今后的责任追究。

讨论之后,在审核意见形成方面,A 区按照参加审核人员 2/3 以上多数通过的原则作出决定。当出现参加审核人员的意见没有达到

---

① 笔者在 E 省 N 市 N 县公安局对法制部门的访谈亦证明了这一点。该科 F 科长讲到,他在一次案件审核中,为了力陈自己的意见,甚至与办案部门领导"拍桌子"争吵。当然,这也与法制部门负责人的资历、学识甚至在公安局里的认同度有关。

2/3以上多数时,组长或者负责主持的副组长可根据案件审核情况选择采取以下方式作出决定:如计入列席人员意见后能够达到2/3以上多数时,可以列入列席人员意见;召集不少于5名以上审核小组成员重新进行审核。B县则无相关规定,最终是由局领导决定形成集体意见。而一旦集体意见形成,必须按照意见执行。通常情况下,不论是采取局领导决定模式,还是少数服从多数的原则,实践中在办案部门与法制部门意见存在分歧的情况下,大多会采纳法制部门的意见,这一点通过访谈和问卷调查可以证明。集体审核中采纳法制部门意见的约占63%,不一定的约占36%。之所以采纳法制部门意见较多,B县公安局负责人谈及,因为法制部门对法律知识的掌握更全面,审核更细致、更专业,所站的角度也更客观、更公正,因此,一般情况下,局领导最终会采纳法制部门的意见。这也与陈涛等人在S省的4个县市公安机关考察得出的结论基本一致。①

表5-7 问卷调查表

总调查人数	调查问题:集体审核中,最终通常会采纳谁的意见?		
	法制部门的意见	办案部门的意见	不一定
30(人)	19(人)	0(人)	11(人)

与集体审核的情况有所不同,科室范围内集体讨论的过程在两地存在一定差别,A区按照如下的程序进行:审核人员认为需要提请集体审议的,向科领导提出,科领导亦认为有必要的(有时审核人员向科领导汇报,科领导根据自己的经验会认为不需讨论,亦可能直接提出处理意见),通知集体审议。审核人员首先汇报案件的事实与证据,提出需要讨论的重点问题,并表明自己的处理意见,接下来是参加人员分别发表自己的意见,最后是科长在综合意见的基础上形成统一的处理意见。不过,这一程序过程实际上是一种比较理想的状态,实践中

---

① 参见陈涛、李森、闫永黎:《侦查权内部控制实证研究》,载《中国刑事法杂志》2011年第6期。

真实的讨论,往往只是参与讨论的成员简单地回答是否同意承办人的意见。相对于A区,B县则表现出更大的随意性,案件讨论与否由审核人员提出,并不一定有科室领导参加,讨论人员各自提出意见,但最终并不需要形成一致意见,讨论的目的只是给审核人员更多意见参考。但通常情况下如果科室领导参加,审核人员还是会认真考虑科室领导的意见,多数情况下会按照科室领导的意见办理。

集体审核之后,是否要求形成书面记录? E省规定,集体合议应当制作《案件集体合议记录》,载明案件简要情况、集体合议参加人意见、合议结果,经集体合议参加人、集体合议召集人签字后存档备查。在A区,集体审核均应形成审核记录;在B县,有局领导参加的案件在2007年前要求形成集体审核记录,而在2007年之后并不规范,如有的审核人员记载在工作日志上,有的则可能缺乏记载。以下是A区的疑难案件审核纪要:

A区公安分局疑难案件集体审核纪要

审核时间:2011年5月18日

审核地点:法制大队办公室

参加人员:张某、郑某、李某、杨某、陈某、周某、王某

简要案情:

2011年5月3日18时许,犯罪嫌疑人周某与受害人何某在本市A区某镇某村9组"琦琦"幼儿园旁边的干杂店打牌时,周某无故挑起事端,并叫来张某向受害人何某要求拿1万元人民币。何某最后借了1500元人民币给了周某,了结此事。5月4日16时许,周某、张某、陈某、钟某等人又到受害人何某的住处,周某要求受害人何某再给其8500元了结此事。何某迫于压力再次借3700元现金,并于当晚在某村某茶房给了犯罪嫌疑人周某,周某被我局民警现场抓获。2011年5月4日,我局对周某、张某、陈某、钟某刑事拘留。

2011年5月18日,某派出所将以上四人以敲诈勒索罪报法

制大队审核。法制大队在审核过程中发现,犯罪嫌疑人陈某、钟某二人犯罪主观意图不明,需报请集体审核。

通过集体研究讨论,认为主要犯罪嫌疑人周某、张某应提请批捕,主观犯意不明的陈某、钟某应当释放。

是否同意以上集体审核意见,请参加集体审核人员签名后报局领导批示。

签名:同意以上意见。

张某　郑某　李某

(四) 小结

从文本规定看,实行集体审核的初衷是通过增加把关的层级,保证案件的正确处理,提高案件质量,它是以集体决策优于个体决策为逻辑假设前提,即案件讨论可以集中更多的知识与理性,有利于案件事实的发现,避免形成错误的处理决定。决策理论表明,作为决策基础的信息充分程度会影响决策的优化与否。[①] 但从集体审核的实践看,无论哪种案件讨论形式,为参与讨论的人员提供的关于案件的信息并不全面,参与讨论的成员接触到的只是经过承办人加工处理之后的片段性信息。这样,任何一种案件讨论机制,可能都不能真正地优化承办人已有的处理意见,因此,对集体审核的作用还不能简单地作此归结。比较这两种审核形式发现,它们在案件处理中所起的作用、发挥的功能并不相同。

科室范围内的集体讨论更多的是发挥集体理性的优势,综合审核人员的案件意见,起到一种决策优化的作用。同时,它也是一种案件处理知识的学习与交流机制,通过不同审核人员之间的交流,可以从中习得自己还不具备的案件处理知识,进而在某种程度上丰富自己的案件处理知识与提高决策的理性程度,也利于在科室范围内对同一类

---

① 参见郭立夫、李北伟主编:《决策理论与方法》,高等教育出版社2006年版,第24页。

型案件形成较为统一的审核标准。

局领导参与集体审核的意义则具有多重性:

(1) 分担责任。在集体审核中,所有参与讨论的成员均要提出自己的意见,并且案件处理决定也是建立在统一的意见之上。这样,由于案件处理决定形成于集体成员的处理意见,具体案件承办人的责任得到了减轻。这种责任的减轻就是通过让更多的成员参与到案件的处理之中来,进而分担案件处理的责任。

(2) 控制审核人员的行为。任何一个组织必须具备一套控制成员行为的制度设计,以防止成员偏离或者损害组织利益,危及组织生存。而案件集体审核制度正是控制案件审核人员在案件处理方面作出偏离或者损害组织利益决定的机制。尽管这种控制机能不是直接表现为显性的硬性制度规定,而是隐含其中,一旦审核人员个体有偏离或者损害组织利益的行为,组织就可以通过集体审核形成的意见否决审核人员做出的不当决定,从而起到控制作用。

(3) 协调可能涉及的社会关系。尽管案件讨论机制并不一定能形成更优的决策,但不容忽视的是在疑难、复杂、可能存在外部干预的案件中,案件讨论机制更有可能形成相对来说比较合理的案件处理决定。

从上述功能的发挥看,集体审核在侦查权控制方面的作用也显而易见:

(1) 对审核人员的控制从某种意义上讲也是对侦查权的控制。通过集体审核的方式,即便审核人员存在恣意放纵侦查权的行为,最终也可能通过组织行为得以纠正。

(2) 通过集体审核讨论,对同一类型案件可以形成较为一致的审核标准,有利于案件的公正公平处理。特别是在重大、疑难、复杂案件的处理方面,集体审核可以较好地发挥作用。

而从对侦查权控制的不足看,集体审核存在的问题在于:

(1) 集体决策的行政化,即决策权主要集中在局领导的手中,其他人虽有权参与讨论和提出建议,但不能左右最终的决定。《E省公安机关案件集体合议规定》中规定,集体合议如果未形成一致意见,集体合议召集人可以按照少数服从多数的原则当场作出决定,也可以按照自己的意见作出决定。实践中亦如此,如在 B 县最终由局长决定,在 A 区尽管规定少数服从多数的原则,但多数情况下,局领导的意见亦会起到决定作用。

（2）案件范围的不明晰,运作程序中存在不规范等问题,也在一定程度上影响了集体审核作用的发挥。因此,可对案件集体审核进行完善,如有学者提出,可以按照委员会制的原则构建侦查机关的案件集体审核委员会,吸收更多专业人员加入,对重大、疑难案件和办案中的重点环节进行集体审核。①

---

① 参见陈涛:《侦查权内部监督体系检视与完善》,载《吉林公安高等专科学校学报》2011 年第 3 期。

第六章　案件审核的责任机制

案件审核制度能否实现预期目标,与案件审核中的管理和控制体制密切相关。正如美国学者 R. 司各特在《组织中的控制系统》一文中所指出的,确立目标是一回事,确保各种能量被用于完成目标又是一回事。为达此目标,就必须实行控制。他在文中还引用美国社会学家埃特奇奥尼的观点,埃特奇奥尼认为,在大部分时间里,多数组织都不能信赖其成员在不另外加以刺激的情况下,会把自愿完成他们的任务作为一种义务自觉接受下来,因此,组织需要把奖励和惩罚的运用加以正式规定,以有助于成员遵守组织的规范、规则与秩序。[①] 同样,在公安机关内部,也在运用组织控制的技术与策略,推行各种控制民警行为和权力的手段和方法。在案件审核中,主要体现在实行错案责任追究制和目标考核制。当然,上述两种控制手段具有一定的联系,错案是目标考评的内容之一,追究错案责任也是目标考评的手段之一。之所以将错案责任追究作为单独的控制措施,是因为与目标考评的其他内容相比,当下错案责任追究已经形成了一套相对独立、较为规范的制度。

---

① 参见〔美〕R. 司各特:《组织中的控制系统》,载苏国勋、刘小枫主编:《社会理论的诸理论》,上海三联书店、华东师范大学出版社 2005 年版,第 427 页。

一、错案责任追究制

错案责任追究制产生于20世纪90年代初[1]，其基本要义是将司法人员的行为与其具体利益相结合，通过加大对司法人员的压力，制约司法机关滥用职权，促使司法公正，保障当事人的合法权益。这在公安机关也得到了广泛运用。公安部1999年以部门规章的形式发布了《公安机关人民警察执法过错责任追究规定》（公安部第41号令），对过错责任追究范围和认定、执法过错责任人的处理、执法过错责任追究的程序等作出明确规定。根据规定，公安机关执法过错是指人民警察在执行职务中，故意或过失造成的认定事实错误、适用法律错误、违反法定程序或者其他执法错误。对执法过错责任人，应当遵循实事求是、有错必究、过错与处罚相适应、教育与惩处相结合的原则，根据其违法事实、情节、后果和责任程度分别追究行政责任、经济责任和刑事责任。在公安部规定出台之后，各省也相继出台或修订了相应的规范性文件。[2] 如E省于2000年就出台了《E省公安机关执法过错责任追究程序规定》，细化了过错责任追究的具体程序，包括错案责任追究案件的受案、管辖、调查、执法过错认定、责任认定以及责任追究等。C市、D市以及A区、B县也都根据自身实际进一步细化了有关内容。具体到案件审核中，错案责任追究制度在实质上是将案件处理结果与办案人员、审核人员的具体利益捆绑在一起，以案件在诉讼流程中的处理结果来决定上述人员是否应当承担过错责任。

---

[1] 错案责任追究制度最早在十五大报告中提出。报告指出，各级司法机关要严格执法，坚决纠正有法不依、违法不究的现象。要完善法律监督体制，建立健全依法行使权力的制约机制，推行错案责任追究制度。

[2] 在公安部1999年规章出台前，不少地方已经制定了有关错案责任追究制的规定，如E省公安厅在1996年即要求所有市、地州及县级公安机关均建立错案责任追究制、执法责任制。1998年，E省又制定了《E省公安机关错案责任追究规定》。

（一）对审核主体的责任追究

关于案件审核人员的责任，从公安部到省、市、区的规定中，均明确了"谁审核、谁负责"的总原则，即审核人员在审核中发生执法过错的，应依照有关规定追究相应责任。根据文本规定，在遵循"谁审核、谁负责"的总原则之下，责任追究的具体原则和内容还包括：(1) 责任区分原则，即在审核层级中，根据不同层级人员各自承担的职责，区分不同情况，分别追究审批人、审核人、办案人员或其他人员的责任；都有故意或过失行为，造成执法过错的，应分别承担责任。(2) 责任承担例外原则，即由于非审核人员故意或过失原因造成的执法过错，审核人员不承担责任。上述原则在各级公安机关有关规定中均有所体现。有关内容选择摘抄如下：

1999年《公安机关人民警察执法过错责任追究规定》规定：

> 第7条：公安机关发生执法过错的，应当根据人民警察在办案中各自承担的职责，区分不同情况，分别追究案件审批人、审核人、办案人、鉴定人及其他直接责任人员的责任。
>
> 第8条：办案人、审核人、审批人都有故意或过失造成执法过错的，应当分别承担责任，其中审批人承担主要责任。
>
> 第9条：审批人在审批时改变或者不采纳办案人、审核人的正确意见造成执法过错的，由审批人承担全部责任。
>
> 第10条：违反规定的程序，擅自行使职权造成执法过错的，由直接责任人员承担责任。
>
> 第11条：因办案人或者审核人弄虚作假、隐瞒真相，导致审批人错误审批造成执法过错的，由办案人或者审核人承担主要责任。

2014年E省《公安机关人民警察执法过错问责规定》规定：

> 第4条：人民警察在履行职务时有下列执法过错之一的，应当予以问责：……（二）对应当受理、立案或者撤销的案件不予受

理、立案或者撤销,对不应当立案或者撤销的案件予以立案或者撤销的;(三)对没有犯罪事实或者没有证据证明有犯罪重大嫌疑的人错误采取刑事强制措施,非法使用技术侦查手段的;(四)采取刑讯逼供等非法方法收集证据,被作为非法证据予以排除或者不能作为定案根据的;(五)伪造、篡改、毁灭、隐匿证据,电子笔录简单粘贴、复制,影响证据效力或者被作为非法证据予以排除的;(六)违反办案区使用管理规定,未在办案区审查违法犯罪嫌疑人,未按照规定对讯问、询问过程进行全程录音录像,造成证据被作为非法证据予以排除或者不能作为定案根据的;(七)勘验、检查、鉴定等调查取证工作中出现重大失误、疏漏,造成案件无法处理或者错误处理的;(八)未按照规定履行取保候审、监视居住职责,导致被取保候审、监视居住人脱逃或者重新犯罪的……(十一)因故意、重大过失或者不作为等原因,导致案件主要犯罪事实不清、证据不足或者认定事实错误,检察机关不起诉或者审判机关判决无罪的……

第 5 条:人民警察在履行职务时有执法过错的,应当终身承担执法过错责任,不受岗位调整、职务变动等影响。

第 6 条:执法过错发生后,应当区别不同情况,分别追究承办人、鉴定人、审核人、审批人及其他直接责任人员的责任。

执法过错系由承办人、鉴定人、审核人、审批人直接行为造成的,由直接行为人承担全部责任。

执法过错系由承办人、鉴定人、审核人、审批人共同造成的,审批人承担主要责任,承办人、鉴定人、审核人各自承担次要责任。

第 7 条:对有执法过错的人民警察应当根据过错事实、情节、后果,采取下列一种或者多种问责措施:(一)责令作出书面检查;(二)通报批评;(三)诫勉谈话;(四)取消评选先进资格;(五)离岗培训;(六)停止执行职务;(七)引咎辞职、责令辞职或者免职;(八)延期晋级、晋职;(九)限期调离公安机关;

(十) 辞退或者取消录用。

执法过错行为违反纪律规定的,根据《公安机关人民警察纪律条令》给予纪律处分。

执法过错行为构成犯罪的,依法追究法律责任。

E省2012年《公安机关案件审核规定》第26条规定:

案件承办人员、案件审核人员、案件审批人员发生执法过错的,应当按照《公安机关人民警察纪律条令》《公安机关人民警察执法过错责任追究规定》的有关规定,区分不同情形分别追究执法过错责任。(1)案件承办人员、案件审核人员、案件审批人员都有故意或者重大过失造成执法过错的,应当分别追究责任,其中案件审批人员承担主要责任。(2)案件审批人员在审批时改变或者不采纳案件承办人员、案件审核人员的正确意见造成执法过错的,由案件审批人员承担全部责任。(3)案件承办人员或者案件审核人员弄虚作假、伪造证据或者隐瞒真相,导致案件审批人员错误审批造成执法过错的,由案件承办人员或者案件审核人员承担主要责任。(4)案件承办人员未经审核、审批,违法行使职权造成执法过错的,由案件承办人员承担全部责任。

2012年E省《公安机关个案质量网上评判规定》第12条规定:

对个案质量评判中发现的执法过错行为,应当依照《公安机关追究领导责任暂行规定》《公安机关人民警察执法过错责任追究规定》追究有关人员的执法过错责任;有违反党纪、政纪规定的,移送纪检、监察部门处理。

2010年C市公安局《刑事案件审核工作规范》第24条规定:

在审核中发生执法过错的,按照《公安机关人民警察执法过错责任追究规定》,根据承担的责任,区分不同情况,分别追究审核人、审批人的责任。

有下列情形之一的,应当按照规定追究审核人员的过错责任：

(1) 不按照规定的程序、内容和要求进行审核，造成重大遗漏和失误的；因审核人员过错，造成检察机关认为不构成犯罪，决定不予起诉或者审判机关作无罪判决的；办案部门有违法或者违反规定的情形，未按要求通知办案单位纠正的；审核中弄虚作假，隐瞒案件事实或重要情节，导致审批人作出错误决定的；违反审核规定和程序报批案件或越权处理案件的；不及时办理案件交接手续或不按规定履行督办职责，导致超期羁押或其他重大工作失误的；案卷材料、法律文书丢失的。(2) 审批人、审核人都存在过失的，分别承担责任，其中审批人承担主要责任。(3) 审批人在审批案件时改变审核人意见造成执法过错的，由审批人承担过错责任。

2010年《A区公安分局法制岗位分工》规定：

案件审核民警在案件审核中，导致执法行为过错有下列情形的不承担责任：(一) 法律法规规定不明确或者有解释不一致的；(二) 因不能预见或无法抗拒的原因导致错误发生的；(三) 执行上级的命令、决定的；(四) 按照办案协作规定协助办案的。

尽管在实践中审核人员因为审核错误被追究责任的并不多见，但在E省和其他省份，均有因错案而追究审核人员责任的实例。如E省P市的Y县，在案件审核中严格落实错案责任追究制，对在审核中未严格把关的法制部门审核人员扣发奖金、取消评先资格。这种做法在2007年E省公安法制工作会议上曾作为典型经验进行交流。又如2010年1月14日的《华西都市报》报道，南部县公安局原副政委张某某（现已退休）、原法制大队大队长杨某某（现南部县公安局交通警察大队民警）、原法制大队副科长何某某（现南部县公安局看守所民警）在1999年审批一起故意杀人案件中，因犯罪嫌疑人肖某某存在精神分裂症和轻度智力低下，作案时处患病期间，辨认和控制能力较弱，且被鉴定为限制行为能力人，所以经集体研究作出撤案决定。2008年6

月,肖某某再度犯下命案,杀死两人,张某某、杨某某、何某某也因此被判处玩忽职守罪。南部县法院审理认为:张某某、何某某、杨某某在南部县公安局分管、负责法制大队审查决定刑事案件是否提请批准逮捕、移送起诉、变更强制措施或撤案处理的工作中,对肖某某于1999年5月29日犯故意杀人罪一案,未依法正确履行职责,违法决定"对肖某某解除刑事拘留"予以释放(撤案),以致肖某某未受到刑事法律追究,在2008年6月肖某某又故意杀死两人,造成国家和人民利益遭受重大损失,其行为构成了玩忽职守罪,依法应予惩处。① 再如,2009年5月,在中央政法委向全国政法部门通报的河南省襄城县田某某危害公共安全案件的处理结果中,该县公安、检察、法院等部门承办该案的16名主管负责人及直接责任人均被追究纪律责任。其中,襄城县公安局法制大队大队长因"没有进行认真审核把关,对错误追究田某某刑事责任、引发顿某某上访事件负有主要领导责任";法制大队副主任因"审核把关不严,同意呈请批准逮捕,对错误追究田某某的刑事责任、引发顿某某上访事件负有直接责任",并分别被给予行政记大过处分。通报下发后,E省公安厅也及时转发通报,要求各地要配强审核人员、健全审核制度、正确履行职责,落实审核责任,对工作不负责、监督不到位的案件审核人员,该处理的要严肃处理,该撤换的要及时撤换。同时,还在全省公安法制系统开展了为期8个月的案件审核零差错评比竞赛活动。

所以,尽管实践中追究审核过错责任的并不多见,但是由于有明确的追责规定,错案责任还是存在追究的现实可能性,这无疑会给审核人员带来较大的压力。问卷调查也证实了错案责任追究对审核人员存在影响,问卷调查情况,如表6-1所示:

---

① 参见《10年前放走的弑母凶手 再夺邻居2条命》,载《华西都市报》2010年1月14日,第20版。

表 6-1　问卷调查表

	调查问题:刑事错案对你有无影响?		
	有影响	有一定影响	没有影响
法制审核人员 22(人)	15(人)	6(人)	1(人)

在问及错案责任追究是否会对案件审核产生影响时,95.4%的审核人员认为有影响或者有一定影响。影响涉及方方面面,直接的影响如经济利益,间接的影响如个人前途、升迁甚至个人形象等。正是由于错案责任追究制度的存在,审核人员不得不谨慎运用审核权,严格按照有关规定和标准开展审核,以避免追究的现实化。也正是在此意义上,案件审核人员自然会对不当侦查权的行使进行严格监督,以避免因监督不力发生错案而被追究相应责任。

(二) 对办案人员的责任追究

案件审核的责任体系不仅包括对审核主体的控制,也体现在对办案部门、办案人员的控制上,错案责任追究制同样适用于办案部门和办案人员。《公安机关人民警察执法过错责任追究规定》规定了办案人员应承担责任的多种情形,如,违反法律规定,对应当立案或者撤销的案件不予立案、撤销,对不应当立案或者撤销的案件予以立案、撤销的;因办案人员的主观过错导致案件主要犯罪事实错误,检察院不予批捕、不起诉或者人民法院判决无罪的情形。对办案人员的错案责任追究亦按照责任区分原则,办案人、审核人、审批人都有故意或过失造成执法过错的,应当分别承担责任。但如果因办案人弄虚作假、隐瞒真相,导致审批人错误审批造成执法过错的,则应由办案人员承担主要责任。上述规定对办案人员的执法办案亦有影响。特别是在近年来多起冤假错案曝光下,中央政法委和公安部分别于 2013 年出台了有关规定,以防止冤假错案。公安部在《关于进一步加强和改进刑事执法办案工作　切实防止发生冤假错案的通知》中提出,要建立冤假错案责任终身追究机制,对有故意或重大过失的执法办案人员,要依法追究责任。中央政法委出台的《关于切实防止冤假错案的指导意见》中,也明确要求包括警察在内的司法人员在职责范围内对办案质量终身负责。同时,该意见还要求,明确冤假错案标准、纠错启动主体和程序,建立健全冤假错案的责任追究机制。2014年10月24日,在公安部召开的学习贯彻党的十八届四中全会精神,研究部署公安机关贯彻落实工作的党委会议和部机关副局级以上领导干部大会上,郭声琨部长又强调,要建立冤假错案责任终身追究制,严格落实办案责任制,对有故意或者重大过失的执法办案人员,不论职务或岗位如何变动,必须一追到底、严肃处理。①

访谈中,办案人员认为,办案责任终身追究制度的建立,意味着不论办案人员今后升迁何职,调动何部门、何地区,甚至调出公安系统乃至退休,都要为之前自己负责的案件质量承担责任,不会因时过境迁而消除,因此办案人员必须牢记这条高压线,更加认真地对待每一个案件。在对办案人员的问卷调查中,95.4%的人认为,错案对自己的执法办案会产生影响(问卷调查情况,如表6-2)。影响同样涉及方方面面,轻则影响年终奖金发放、评优创先等问题,重则影响形象声誉、个人前途、日后升迁等,极端的可能还会影响能否承担现职工作。

表6-2 问卷调查表

	调查问题:刑事错案对你有无影响?		
	有影响	有一定影响	没有影响
办案人员 22(人)	18(人)	3(人)	1(人)

二、目标考评制

基于对官僚制缺乏效率的反思,现代企业化政府从后果战略的立场出发,多采用绩效管理的方式激励下级部门和官员,从而增进政府

---

① 参见郭声琨:《明晰执法责任,建立冤假错案责任终身追究制》,载 http://cpc.people.com.cn/n/2014/1025/c87228-25905212.html,最后访问时间:2015年3月4日。

管理的效率。绩效管理包括设立绩效标准、进行绩效测量与实施奖惩。作为公共政府之组成部分,我国公安机关自20世纪90年代初以来,就开始推行绩效管理模式,一般称之为"目标考核",在当下,目标考核已经成为公安机关重要的行政管理方式。①

2002年,在公安部召开的全国公安队伍管理长效机制建设座谈会上,公安部原部长贾春旺同志强调指出,要以县级公安机关为重点,尽快建立和完善公安警务绩效评价体系与管理机制。② 之后,各地经过充分实践,逐步完善形成了层级式的目标考评体系,不同层级公安机关既有接受上级公安机关指派任务的责任,也有向下级指派任务的权力,决策层通过数量化的任务分解机制将相关任务层层分解到具体的执行机构和个人,并且与物质化的奖惩结合起来,从而形成一个层层施压的联系体系。为体现公平原则,每一项考核内容都制定了具体而详细的加减分办法,并尽可能实行量化考核。目标考核最终的着力点是民警的政治、经济待遇,通过"奖优罚劣"机制,对那些出色完成任务者予以提拔、经济奖励,而对于那些未能达到考核目标要求的,则予以撤职、降职、扣发奖金、津贴。研究公安激励机制者认为,公安民警考核激励机制是公安队伍管理长效机制的核心内容。作为公安队伍管理长效机制的核心,其目的是激发人的原动力。它得以实现的条件是建立在工作职位标准化基础上的用人制度的规范。考核激励的结果又影响和制约着教育训练、提拔任用和淘汰等制度规范的建立和实施。因此,考核激励机制的应用,对于公安队伍管理长效机制的整体推进,势必产生强有力的拉动作用。③ 当下目标考评中涉及刑事办案的考评内容,主要体现在对量(即工作数量,规定一定的基础办案数量)、率(即规定一定的基础比例,比例的计算方法为考评时的实际数

---

① 参见左卫民等:《中国刑事诉讼运行机制实证研究》,法律出版社2007年版,第139页。
② 参见范柏乃、马焉军:《我国公安警务绩效评价实践及评价体系的构建研究》,载《湘潭大学学报》(哲学社会科学版),2006年第7期。
③ 参见安瑛:《2000年以来公安激励研究综述》,载《江苏警官学院学报》2009年第1期。

量与基础数量的百分比)、新(即工作机制、工作方法上的创新)、错(即将单位或个人的违规、违纪、违法行为以及发生"错案"等作为一个重要指标)等方面的考核上。①

在公安机关设定的目标考评指标体系中,都有涉及案件质量和案件审核的内容,既体现在审核人员的目标上,也反映在办案人员的目标考评中,当然,这并不是考核的全部内容。由于目标考核直接关系民警的经济、政治等方面的利益,如 B 县公安局规定,对考核达标的,部门民警按分值比例领取县局目标考核奖金;对考核名次为前三名的单位,县局分别给予该单位民警每人不同数额的奖金。考核达标的部门,按实际得分比例领取县局目标考核奖;连续两年考核不达标的单位,其主要负责人应予免职。因此,目标考评对民警的影响和导向显而易见。有学者甚至认为,这些考核指标已经成为左右公安司法人员的"微型刑事诉讼法"。②

(一) 对审核主体的目标考核

按照《公安机关法制部门工作规范》的相关规定,公安法制部门应当实行岗位目标管理制度,明确法制工作各岗位的具体职责,落实责任,加强协调、配合,提高工作效率,保证工作质量。应当建立工作竞争激励机制,科学考核法制民警的工作实绩,建立并严格执行奖惩制度。基于各部门职责任务的差异,在设置目标考评内容时,公安机关往往会制定不同的考核内容和指标体系,如对刑侦部门,主要是在打击犯罪的率和量上的考虑;对治安部门,更多的是对社会管理以及创新的考核。在对法制部门及审核人员的目标考评设置上,总体体现了以"案件质量控制为中心"的原则,将案件质量的高低作为对审核人员考核的重心。

---

① 参见黄维智:《业务考评制度与刑事法治》,载《社会科学研究》2006 年第 2 期。
② 参见孙长永主编:《侦查程序与人权保障——中国侦查程序的改革与完善》,中国法制出版社 2009 年版,第 58 页。

如关于案件审核的考核，E省《公安机关法制工作绩效考核评分标准》规定：市级公安机关及所属县级公安机关按照规定建立案件审核制度的，得1分。经审核的案件被审判机关判决败诉或者被审判机关判决无罪的，每件扣3分；造成严重后果的，每件扣5分。《A区公安分局法制民警岗位绩效考核实施办法》规定，对法制民警的考核坚持奖优罚劣，重在教育，促进工作的原则。其中，对法制民警规定，因责任心不强，在案件审核中对存在的明显执法问题应当发现而没有发现，导致案件质量不高的进行批评，同一错误发生两次以上的，作出书面检查，并纳入绩效考核。而绩效考评结果直接与个人经济利益挂钩。在A区，将津贴、补贴的发放纳入法制民警的考核，根据个人履职情况、任务质量完成情况以及出现的问题、责任大小情况，按照岗位要求，分三个档次酌情扣发一定数额的人民币。B县公安局略有不同，目标考核未细化到审核人员个人，而是体现在对法制大队的综合考评中。如对法制大队的综合目标考核的100分中，案件审核占30分，考核内容包括：建立健全案件审核、审批制度；抓好刑事案件报捕、起诉……案件的审核、报批工作。具体细化的指标中，既有对法制大队的考核指标，也有对个人的指标，如：（1）未制定案件审核、审批制度的，扣1分……（4）移送起诉、被判决无罪的，每人次扣1分……（7）出现冤假错案的，每人次扣3分。执法监督中，发生错捕、错诉和行政败诉不予通报的，每件次扣2分。

为保证案件审核的质量，完成工作目标，A区还推行了案件审核跟踪办理制度①，审核人员对所审核案件的后续办案工作要进行动态跟踪，随时掌握案件办理的进度和情况。如从犯罪嫌疑人被刑事拘留到需要报捕案件到期前，由法制部门进行催办；相关案件信息上网，审

---

① 据E省公安厅法制部门负责人介绍，目前全省大部分地方实行了审核案件跟踪办理制度（或案件催办制度），主要针对限制人身自由强制措施等重点环节，比如报捕、取保候审等环节，实行到期前催办，要求审核部门在到期的一定期限前及时提醒办案部门。随着公安信息化建设的推进，网上审核中也专门设置了案件催办程序，如在案件到期前的一定时间，网上管理程序会自动提醒。

核民警根据包片情况,对属于包片的案件再次催办,以避免超期羁押等严重侵犯人权的情况发生。尽管对法制部门审核人员的绩效考评以案件质量、防止错案为主要内容,但是关于处理率的考核内容仍然存在,如 A 区公安分局将办案部门的刑事拘留转捕率、批准逮捕率、移送起诉合格率、退查率与法制大队案件审核民警绩效考评、办案单位分管领导执行力考评挂钩,规定全年刑事拘留转处率应达到 85% 以上,批准逮捕率应达到 90% 以上,移送起诉合格率应达到 100%,退查率不超过 8%。B 县也有类似规定,如 B 县对法制大队的考核目标规定,批捕率低于 85% 的,每低一个百分点扣 1 分;起诉率低于 99% 的,每低一个百分点扣 1 分。

(二) 对办案人员的目标考核

在对办案人员的目标考评设置上,与法制部门存在一定差异,虽然也有对案件质量的考评要求,但更多的是关于打击处理率和打击处理数的考评指标。

1. 对案件质量的考核要求

随着社会法治化进程的推进,执法质量逐渐成为检验公安工作的重要标准。为推进各级公安机关抓好执法质量建设,2001 年,公安部颁布了《公安机关执法质量考核评议规定》(公安部令第 60 号),要求上级公安机关对下级公安机关以及各级公安机关对所属执法部门,依照法律、法规、规章和其他规范性文件办理刑事、治安案件和行政管理等情况,按照一定标准进行考核评议,这是首次将执法质量引进公安部门规章。

通过连续多年开展执法质量考评,公安机关的执法质量逐年稳步提升。在考评标准越来越严格的情况下,2009 年度全国公安机关执法质量考评成绩与 2002 年相比,县级公安机关优秀比例上升了 12.6 个百分点,不达标比例下降了 3.38 个百分点,涌现出一大批执法质量优秀的执法示范单位。从公安行政复议、行政诉讼案件情况看,2000 年以来,公安行政复议案件的撤销率年均下降了约 5%、变更率年均下降约 4%、维持率年均上升 5.5%；公安行政诉讼案件撤销率年均下降 4%、变更率年均下降 1%、维持率年均上升约 2.5%。据国家统计局发布的抽样调查结果表明，人民群众对公安工作的满意率由 2002 年的 82.9% 上升到 2009 年的 90.8%。①2011 年，公安部又印发了《关于改革完善执法质量考评制度的意见》，按照全面贯彻落实宽严相济刑事政策，坚持法律效果、社会效果和政治效果的有效统一，充分调动广大民警依法履职的积极性这三条原则，改革和完善了执法质量考评制度，核心是激励各级公安机关和广大民警尽职尽责，树立正确的执法绩效观，切实纠正重数量不重质量的执法问题。

因此，对执法质量、规范执法的要求同样体现在对办案部门和办案人员的考核指标中。如 A 区 J 派出所规定，办案民警"严禁刑讯逼供和殴打、体罚违法犯罪嫌疑人，严禁滥用强制措施，坚决杜绝超期羁押。严禁徇私枉法、贪赃枉法等执法不公、执法不严、玩忽职守行为"，体现出对权利的关照和对权力的制约。在具体考评上，如刑事拘留、起诉案件应按规定及时上报，案件超期 1 次，办案刑警扣除目标分 5 分；取保候审、监视居住案件分局审批后，卷宗在 7 个工作日内交法制大队统一保管，案件由办案刑警继续侦查，并在规定期限内上报分局审批，案件超期 1 次，办案刑警扣除目标分 5 分，等等。B 县公安局年终综合目标考核规定：发生下列问题之一的实行一票否决，视为年终不达标单位：因严重执法过错，导致行政败诉或国家赔偿超过 5 万元的；被依法采取限制人身自由的违法犯罪嫌疑人发生重大责任事故的（致人重伤、死亡、脱逃的）。派出所和实战单位的执法质量考核不足 90 分的，不得评为年度先进单位。

此外，根据公安部、E 省的有关规定，案件审核还与个案考评等监督形式相结合。案件审核结果不仅对案件的刑事诉讼进程本身产生

---

① 参见闵政：《公安部〈关于改革完善执法质量考评制度的意见〉解读》，载 http://www.cpd.com.cn/n3547/n5253/c1430738/content.html，最后访问时间：2014 年 5 月 23 日。

影响,如不能批准刑事拘留或提请逮捕,还会影响对办案人员的绩效考评,最终均与民警的各种利益挂钩。如 E 省制定的《公安机关个案质量网上评判规定》《公安机关案件网上办理考核办法》规定,案件审核部门在案件审核过程中,应当对所审核案件的质量进行评判,还细化了个案质量评判参考标准,根据案件的不同情形分别扣 2 分、5 分、11 分不等。扣 2 分的情况,如受理、立案、撤销案件手续不齐全或内容不全;搜查、辨认、勘验、检查等侦查笔录制作不规范。扣 5 分的情况,如未经审批采取调查手段或侦查措施,证据之间的矛盾有条件排除而未排除。扣 11 分的情况,如未立案即采取强制措施的、不应立为刑事案件而立为刑事案件或该立为刑事案件而未立案的;采取侦查措施、刑事强制措施未经审核、审批的。直接定为不合格案件的有以下情形:编造虚假刑事案件的;违法插手经济纠纷的;没有执法主体资格的人参与办案的;未依法回避严重影响案件质量的;对人大代表、政协委员等特殊对象采取拘留、逮捕措施未履行法定程序的;篡改、伪造、隐瞒、毁灭证据的;使用威胁、引诱、欺骗及刑讯逼供等非法手段收集证据的。据此,A 区和 B 县在案件审核过程中,均会按照个案考评的标准对所审核案件进行评分,填写评分卡(如表6-3所示)。对于问题较为突出的,还会发出《执法整改通知书》或者《执法建议书》(如表6-4所示),要求限期纠正、整改。相比而言,A 区发出的执法监督建议书明显多于 B 县,如 A 区公安分局曾在 1 个月之内向 5 个派出所和刑警大队各下发 1 份执法监督建议书。而据 B 县公安局法制大队介绍,2011 年全县仅发出两份纠正违法通知书。此外,A 区和 B 县还建立了执法质量激励机制,如对案件质量较好的办案部门和办案民警给予表彰奖励,而对不合格案件数量较多或者比例较大的办案部门和办案民警,不得其参与与执法有关的表彰、奖励评选活动,并对办案部门负责人给予扣发奖金、诫勉谈话、组织调整等处理,对办案民警给予扣发奖金、离岗培训、调离执法岗位等处理。

表6-3 执法质量考核评分表　　A 公安分局制

考评名称:刑事☑　行政□　执法监督保障□			
被考评单位名称	××派出所	案件名称及嫌疑人姓名	盗窃勒某	承办人姓名	徐某 李某
考评内容及扣分情况	1. 拘留通知书未注明被通知人家属情况； 2. 装卷顺序不规范； 3. 延长拘留期限通知书内时间填写错误,应填写延长开始时间； 4. 现场指认照片无说明。		
扣分　3分		考评时间：9月24日	
考评人签名:徐某		复核人签名:赵某	

2. 对执法数量和打击处理率的要求

与审核人员的目标考核重点不同,A 区和 B 县在对办案人员的考核上更多设置了关于量和率的考核内容。尽管公安部《关于改革完善执法质量考评制度的意见》提出应取消不科学、不合理的执法考评指标,要求各地取消"罚没款数额""刑事拘留数""行政拘留数""发案数""劳动教养数""退查率""破案率"等考评指标,但是在实践中仍然存在类似指标。如 A 区 J《刑警中队目标考核办法》规定：刑事拘留转处率、取保候审和监视居住转处率、提请批准逮捕率、移送起诉率应达到上级规定标准,未完成此项工作目标的民警,年终扣除目标分0.5分；认真完成各项专项战役目标及领导交办的各项工作任务,未完成全年工作目标的刑警,扣除全年刑警补贴,并扣发年终目标奖50%。尽管2010年之后分局调整了刑侦主体目标考核,增加了情报信息采集和综合运用、跨区域办案协作、刑事技术、基础工作等部分的分值比重,但加大了命案侦破在整个刑案破案考核中的比例,以命案破案率90%作为基础目标,对派出所和刑警大队进行捆绑考核,完成90%以上的单位给予目标加分和表彰、报功,对于未达到90%的单位,年终考评时从破案总分中扣除。B 县也对民警规定有破案数、打击处理数等考核指标,根据 D 市刑侦绩效考核目标,民警人均破案数应达到1.3起,人均起诉人数应达到0.8名。根据《刑警绩效考评规定》,每个办案单位都有具体的打击处理任务,如在 B 县 2011 年刑侦目标任务分解表中,某所应达到破案 145 件、打击处理 75 人、指纹采集 300 份、DNA 采集 300 份、现场指纹提取 10 案等。未达到目标的,年终考评时将予以惩罚,超额完成任务的,则进行奖励。《B 县 2010 年业务考核暨办案补助标准实施意见》亦规定,刑事侦查考核内容包括破案、打击处理、追逃等,打击处理的人员指刑事案件中被依法提起公诉、直诉和收容教养的人员。完成全年目标任务的,每超 1 人增加办案补助经费××元;未完成目标任务的,每少 1 人扣办案补助经费××元。

表 6-4　执法监督建议书

A 公法监建字[2013]第 2 号

某派出所:

　　你单位在办理王某一案中存在下列问题,现将具体情况通报如下:

　　1.《立案决定书》中立案条款填写为"第一百零七条/第一百一十条",适用的具体法律条款不明确。

　　2.《延长拘留期限通知书》规定的延长拘留的起算时间错误。

　　3. 在对犯罪嫌疑人王某的第一次讯问笔录中,嫌疑人到案时间和离开时间未填写。

　　4. 当事人李某系收赃人,民警对其进行了讯问,却同时使用了《犯罪嫌疑人诉讼权利义务告知书》和《证人诉讼权利义务告知书》。

　　5. 犯罪嫌疑人指认作案现场的照片中,制作时间与见证人签字时间矛盾。

　　以上问题的存在,反映你单位相关民警办案程序意识淡薄、工作责任心不强、办案过程不仔细,相关领导执行力不到位。根据 C 市公安局《公安机关内部执法监督工作规定》实施办法第 23 条之规定,对你单位下发《执法监督建议书》。

　　望你单位收到通知书后,引起高度重视,认真分析,查找原因,切实提高工作责任心,确保案件依法办理。具体整改情况于 10 日内书面报送至分局法制大队。

C 市公安局 A 区公安分局
2013 年 5 月 8 日

三、小　　结

由上可见,无论是错案追究制,还是目标考核机制,两种控制策略都将民警的个人利益和组织利益与案件处理结果联系在了一起。这体现了经济学上所说的行为外部性原理下的激励机制所产生的效应。① 上述两种责任机制,分别从以下两方面影响着案件审核预期目标的实现:

(1) 由于错案责任追究制度和目标考核机制的存在,案件审核民警为了实现自我利益的最大化,不得不谨慎运用审核权,认真依照有关规定开展审核,也正是在此意义上,案件审核人员自然会对不当侦查权的行使进行监督,以免因监督不力发生错案而承担相应责任,保证目标考核任务的完成。这已经成为当下公安机关控制办案人员及审核人员行为、保证案件质量的一项基本策略。法国著名社会学家埃哈尔·费埃德伯格对行动的理解,可以用来说明审核人员这一行动选择。他指出,"设想人的行为总是深思熟虑的结果,设想它从一开始就是依据固有的偏好目标经由计算产生的,既是一种谬论,也是一种错觉。最好还是把这一行为当作一种积极的行动来分析,当作一种在诸种制约下作出的选择来分析"。② 同样,根据公安机关执法质量考评规定和个案考评规定等,在案件审核与案件质量管理方面,初步建立了以案件质量管理为中心的绩效考核体系,将办案部门办理的各类案件是否符合诉讼程序、是否超期羁押、法律文书及案卷归档是否规范等纳入质量考评考核体系,并与民警的绩效考核有机地结合起来,使静态的制度转化为动态的机制,将质量意识落实到每个诉讼环节。在上述机制的诱导下,办案人员会按照法律规定执法办案,也会认真对待

---

① 关于法律激励机制和行为外部性关系的讨论,可参见张维迎:《信息、信任与法律》,读书·生活·新知三联书店 2003 年版,第 70—172 页。
② 〔法〕埃哈尔·费埃德伯格:《权力与规则——组织行为的动力》,张月等译,上海人民出版社 2005 年版,第 50 页。

法制部门的审核意见,以避免责任追究的现实化。这正如费埃德伯格所言:"人唯一能够指望的东西就是人们会预先悉心关注他们行动的诸种结果,或者至少会悉心关注那些并不太遥远的结果,进而去追求他们正确地或错误地认作是他们利益的东西,抑或至少不会为损害这些利益而行事。"①很多审核人员和民警在访谈中都认为,错案责任追究制和目标考核机制给他们的工作带来了压力与动力,审核人员必须认真审查,尽可能排除可能影响案件质量的疑点。办案人员则必须依法办案,以保证目标任务的完成。

当然,从以上的讨论可以看出,案件审核制度的权力控制功能能够得到较好实现,更多是一种体制力量建构的结果。这种体制性建构集中表现为整合审核人员的行为与意识形态,具体与直接的表征为各种指标化的管理机制。由于"上级机构对下级机构的等级化控制一般只注意少量的指标,如财政限额、简单化的政绩指标的完成或完成率"②,不可避免的是,审核人员在阅卷中所表现出来的行为,很可能并不是一种意识自觉行为的结果,相反,审核人员更多处于一种被动接受或应付的状态。在这样的情形之下,审核人员细密化的阅卷行为可能就不完全是一种"价值理性行动",更可能是一种"目标手段理性行动"。③ 但也必须着重强调的是,指出这一点,并不是要完全否定当下公安机关一系列的体制性建构努力,这种以考核为核心的体制性建构,在中国的刑事司法语境中,可能是刑事司法现代性转型的一种可资运用的策略。

(2)错案责任追究特别是目标考评中大量前现代的观念和违反诉讼规律的制度设计,使审核人员和办案人员处于"双重结构化"之

---

① 〔法〕埃哈尔·费埃德伯格:《权力与规则——组织行为的动力》,张月等译,上海人民出版社2005年版,第220页。
② 〔英〕帕特里克·邓利维、布伦多·奥利里:《国家理论:民主自由的政治学》,欧阳景根等译,浙江人民出版社2007年版,第212页。
③ 所谓价值理性行动,是指行动者基于该行动者相信的更高的价值观来选择行为;目标手段理性行动系指行动者为自己选择追求目标,不是由较高的价值系统指导,而是根据行动者自身所处的环境、别人的行为以及该环境存在的客体环境来决定。参见〔美〕乔治·瑞泽尔:《当代社会学理论及其古典根源》,杨淑焦译,北京大学出版社2005年版,第44—46页。

中,从而对案件审核产生负面效应,案件审核权力控制功能有限。北京大学陈瑞华教授在分析我国法律程序失灵问题时指出,由于目标管理和绩效考核制度的存在,公安人员、检察人员和审判人员有时会因为严格遵守法律程序而遭受利益的损失,而要避免受到这种损失,办案人员往往不得不追求那种正确的处理结论,并为此不惜牺牲法定的诉讼程序。可以说,如果办案人员不仅不会从遵守法律程序之中获得实际的收益,反而要承受某种利益的损失,他们就不可能具有确保法律程序得到实施的内在动力;同样,如果办案人员仅仅因为所作的处理决定被推翻,就要承受不利的考核结果,他们为了规避这种考核结果,就会采取各种为法律所不容的变通做法,甚至不惜规避刑事程序法本身。这被陈瑞华教授归结为法律程序失灵的第三条定律。①

如前述,尽管目前公安业务考评对于全面实现刑事司法的任务,尤其是在有效打击和遏制犯罪方面有其积极作用,但是,由于在考评中过度突出了对执法数量和对打击处理率的考核,绩效评价的重点主要集中在刑事发案率、刑事破案率、刑事犯罪人口数、缉捕刑事犯罪人员数等指标上,而对被害人调查、公众安全感、公众对警察的满意程度及警民关系等指标重视不够。对前述指标的过分追求,无疑会损害公平正义的实现。受访的民警表示,正是由于存在前述指标的考核压力,审核人员对办案人员的制约控制不足,比如,有时法制部门对一些不需要刑事拘留的案件也会作出批准刑事拘留的决定,以配合办案部门完成"目标",特别是将审核人员的目标与办案指标相结合,更使审核人员在审核时会考虑与办案部门的协调配合,如何在法律允许的范围内共同完成目标。正是在"协调商量"过程中,审核人员的独立性、公正性可能会丧失,可能会放纵办案人员的违法行为,犯罪嫌疑人的侦讯客体地位因此也会难以避免,其基本诉讼权利也容易被忽视。正如最高人民法院常务副院长沈德咏在《人民法院报》撰文指出的:"综

---

① 参见陈瑞华:《刑事诉讼的中国模式》,法律出版社 2008 年 1 月版,第 310—317 页。

观已发现和披露的案件,冤假错案的形成主要与司法作风不正、工作马虎、责任心不强以及追求不正确的政绩观包括破案率、批捕率、起诉率、定罪率等有很大关系。"①刑事司法绩效考评机制实际上是抹杀了程序的功能与价值,变相剥夺了犯罪嫌疑人、被告人的基本诉讼权利,影响了诉讼的公正性。② 因此,案件审核制度的侦查权控制这一预期目的的实现,还有赖于构建一个更为客观、科学和公正的现代考评机制,以切实发挥考评的正确引导功能。

---

① 沈德咏:《我们应该如何防范冤假错案》,载《人民法院报》2013 年 5 月 6 日。
② 参见阮传胜:《司法绩效考评机制亟待改革》,载《学习时报》2014 年 6 月 3 日。

第七章 案件审核的效果评价

审核效果既表明了案件的审核质量,也反映出对侦查权力控制的效果。尽管在前几章中,已经简要结合各章节探讨的主题,就侦查权力控制在刑事拘留和提请逮捕审核运行机制中的效果进行了分析,但并未从整体上进行评价。本章将在此基础上,就案件审核的效果进行总体评价,深度分析案件审核制度在侦查权力控制方面的向度和限度,并深入探究产生上述效果的原因。

一、总体评价

经由以上章节的具体考察与分析,可以发现,尽管属于侦查权的内部监督模式,但当下公安机关的案件审核制度在侦查权的控制方面并非一无是处,案件审核在控制和规范侦查权的行使方面正在并且已经发挥了一定的积极作用。正如上文所展示与分析的那样,在法治话语的强烈冲击以及公安机关权力内省的推动之下,案件审核制度已经存在于实践之中,并已经体现出对人权保障和权力制约的关照,一些新的理性化的要素也在不断产生并被逐渐吸收。但是,受整体政治权力结构与固有认知框架的影响,现阶段的案件审核制度的权力制约功能还比较有限,一些忽视权利保障的非理性操作依然存在于实践之中。

（一）权力控制的向度

透视刑事拘留和提请逮捕审核程序的运作机制，不难发现，案件审核制度能够产生一定程度的权力控制效果。

从宏观的视角分析：① 案件审核属于事前监督，在侦查权力行使之前，通过对案件事实、证据进行严格审核，决定是否批准，以防止侦查权力的滥用，而非权力行使之后的事后补救。② 案件审核是全程监督，它贯穿于刑事执法办案的全过程。本书尽管主要对刑事拘留和提请逮捕的审核进行了分析，但根据相关规定，一件刑事案件从立案到侦查终结、移送起诉，在多个侦查环节均要经由审核部门审核把关，如采取刑事拘留、提请逮捕、取保候审等强制措施、侦查终结、移送起诉等侦查环节。③ 案件审核具有较强的控制力。一方面，较强的控制力体现在能够直接决定侦查权力能否行使；另一方面，在实践中，还与执法质量考评、个案评判、过错责任追究等其他监督措施相结合，从而强化了审核结果的运用和对侦查权的监督制约。④ 与外部监督形式相比，案件审核尽管属于内部监督模式，但在信息掌握的充分性、监督的及时性、直接性、广泛性等方面均具有一定的优势。

从微观的视角探究，则主要从以下几个方面抑制侦查权力的滥用：① 在审核程序中，已经形成了比较规范、细密的案件受理、分配机制和前后相继的多级审查程序，使办案人员在侦查权的发动和运用上，不能恣意行事。② 在审核的内容和标准上，审核人员的审核内容更为全面，并掌握着比办案人员更为严格的审核标准。为达此标准，对材料、尤其是证据材料的构成及其证明力也提出了更为严格的要求，可以使刑事拘留或提请逮捕决定的准确性得到保证。③ 在审核方式上，主要采取书面、规范、细密的卷宗审查方式，确保了刑事拘留和提请逮捕审批的正当性。在重大、疑难、复杂案件中，兼顾了个人独立意见和集体意见，使刑事拘留或提请逮捕决定的合理性得到保证，统一的审核标准也得以贯彻。④ 在审核责任方面，较为严格的审核责任对审核人员和侦查人员产生多重约束和规制，促使其正确履责。

进一步分析,这种控制效果主要是由于在层级式审核程序中,实行了由专门的审核部门——法制部门审核的制度。上述章节的考核表明,与法制部门审核相比,部门法制员、侦查部门领导、局领导的审查没有发挥或较少发挥权力控制的作用,具体表现在:① 在审核内容的掌握上,比较简单粗略,对审核标准的把握不严。② 审核方式简单,往往拿过来就签字,很少仔细审阅材料。

当然,由于部门法制员、侦查部门领导、局领导扮演的角色和承担的职责不同,其审核时亦存在较大分别:部门法制员的审核是初步审核,目的在于加强基层执法部门自身法制建设;侦查部门领导的审查签字是代表部门意见的例行公事;局领导的审查批准则代表公安机关决定。由于实行专门部门——法制部门承担审核的制度,局领导的决定环节基本上成为一种签字程序。

因此,刑事拘留、提请逮捕权力的行使通过层级式审批程序的某些关键性环节——主要是法制承办人审核环节——而被约束到一个规范化的框架内。在这个框架中,犯罪嫌疑人是否符合刑事拘留或提请逮捕的条件,是否有必要对其采取措施,不再由侦查部门或侦查人员单方决定,而取决于并普适于整个侦查管辖区域的案件审核标准及相应的材料要求。通过审核机制,侦查部门和侦查人员的权力受到上层权力的"规训",权力的任意性和个别性也由此大为减弱。

案件审核制度确能产生一定程度的权力控制效果,还可以从以下几方面得到印证:

1. 两个调研地区的刑事拘留转捕率和批准逮捕率①

(1) 刑事拘留转捕率

刑事拘留转捕率,是指刑事拘留总数中,最终转为逮捕的比例。这一指标的评估虽然较为间接,但也许更加客观、准确。这是因为,刑

---

① 应该说,评价案件审核制度的权力控制效果的指标参数很多,尽管目前正在对考核指标进行清理,但是新的考评体系尚未完全建立,实践的改变更非一日之功。所以,本书对刑事拘留和提请逮捕审核效果的评判仍然选择了刑事拘留转捕率、检察机关的批准逮捕率。

事拘留转捕率的高低取决于两个因素:① 刑事拘留决定本身的正确性;② 刑事拘留阶段的侦查质量。如果刑事拘留决定本身是错误的,刑事拘留阶段的查证再充分,逮捕申请也很难获得检察机关的批准。故刑事拘留转捕率能够在一定程度上反映刑事拘留决定的正确性、合理性,进而言之,则可反映刑事拘留审核的宽严程度。① 通常情况下,刑事拘留转捕率越高,表明刑事拘留审批越严格,反之亦然。

表 7-1 刑事拘留转捕率状况

地区 年度	B 县公安局			A 区公安局		
	刑事拘留数(人)	逮捕数(人)	转捕率(%)	刑事拘留数(人)	逮捕数(人)	转捕率(%)
2010	870	440	50.6	1 528	1 233	80.1
2011	810	392	48.4	1 539	1 302	84.6
2012	944	428	45.3	1 462	1 215	83.1
2013	750	389	51.9	1 616	1 368	84.7
平均水平	844	412	48.8	1 536	1 280	83.3

(2) 批准逮捕率

批准逮捕率,是指公安机关报送的提请批捕案件总数中,检察机关最终批准的比例。从以下指标看,批准逮捕率较高。尽管影响批捕率高低的因素较多,如检察机关掌握的逮捕标准、国家对待逮捕制度的认知和态度等,都会影响批准逮捕率的高低,但通过这一指标,可以在一定程度上反映公安机关内部审核提请逮捕的正确性、合理性,即掌握的宽严程度。通常情况下,批准逮捕率越高,越表明侦查机关向检察机关呈报的案件证据、事实充足,符合逮捕条件,亦表明公安机关

---

① 此外,刑事拘留阶段结束时也有一定比例的犯罪嫌疑人转为取保候审,但这多属于案件消化机制,与无罪释放功能相似。相关考察与论述可参见左卫民:《侦查中的取保候审——基于实证的功能分析》,载《中外法学》2007 年第 3 期。由于此原因,很难认为刑事拘留取保候审与刑事拘留转逮捕一样,能够证明刑事拘留决定的正确性、合理性。

内部审核越严格,反之亦然。

表7-2 批准逮捕率状况

地区 年度	B县公安局			A区公安局		
	报送提请批捕数(人)	批捕数(人)	批捕率(%)	报送提请批捕数(人)	批捕数(人)	批捕率(%)
2010	491	440	89.6	1521	1233	81
2011	478	392	82	1430	1302	91
2012	489	428	87.5	1392	1215	87.3
2013	479	389	81.2	1599	1398	87.4
平均水平	484	412	85	1486	1287	86.6

从以上数据看,尽管总体上A区和B县的刑事拘留转捕率和批准逮捕率均比较高,但是两地并不均衡,A区无论是刑事拘留转捕率还是批准逮捕率,均高于B县,特别是刑事拘留转捕率,A区的比例高出B县约35%。这意味着,审核程序的宽严程度存在地区差异。经由前几章节的考察显示,A区案件审核的规范化程度高于B县。这无疑也印证了案件审核的规范化程度与侦查权力控制程度之间具有正比例关系,即案件审核规范化、制度化程度越高,对侦查权力的控制程度也越强。

2. 二手实证资料

如S省N市检察机关曾对N市公安机关2001—2003年办理的刑事拘留案件开展专项检察监督,并分析存在问题的原因之一是公安机关适用刑事拘留的执法程序不健全,刑事拘留审批权没有进行归口管理,由各办案部门报自己分管领导审批,因此出现不同地方不同审批标准。在检察机关监督之下,公安机关完善了案件审核制度,按照"谁审批,谁负责"的原则,对刑事案件的立案、拘留、逮捕、移送起诉等工作先交办案部门负责人把关审核,再由法制部门确定专人审查把关。实行归口审核之后,效果明显。公安机关滥用刑事拘留强制措施、随意延长拘留期限至30日的违法现象基本得到了遏制,刑事拘留案件的提请逮捕率及批准逮捕率都逐年上升。尤其是2006年,公安机关刑事拘留案件转捕率达到了71.2%。此外,诸如刑事拘留案件法律文书不规范等问题也得到了较好的纠正。① 同样,马静华在S省N市N县、Y市Y区和C市A区公安局三个公安机关的调研、陈涛等人在S省4个县市公安机关考察调研得出的结论也表明,专门化审核环节的设置(笔者注:指法制部门审核),使审批程序的权力控制作用及效果明显超过缺乏这一环节的情形。②

(二)权力控制的限度

在肯定当下案件审核制度能够发挥一定控权功能的同时,通过A区和B县审核制度的实际运作状况的描述,以及对相关公安机关案件审核制度的考察,可以发现,案件审核制度在权力控制的作用发挥还较为有限。主要表现在:

1. 规范性不足

在制度的法定化方面,尽管从公安部到省、市甚至县级公安机关均制定了案件审核的文本规定,但各种规定之间缺乏统一性、协调性,造成对同一内容不同规定的冲突,也导致制度在实践中不能得到有效遵循。同时,也不排除少数地区公安机关尚未采用这一制度,或者即使有此制度,也因为制度的非法定化而缺乏实施动力。正如曹正汉所言:"一个组织建立了很多的规章制度却并不真的实施,这可能是因为这些规章制度是为了应付制度环境的要求,和它的内部运作无关。"③对A区和B县的实际运作考察表明,两地不论在制度规范还是具体实务操作中,包括在案件受理程序、分配模式、审核方式以及审核内容等方面,均存在着较为明显的差异。相对总体而言,A区的案件审核规

---

① 参见南充市人民检察院课题组:《公安刑事拘留专项检察监督调研分析》,载《西南政法大学学报》2008年第6期。
② 参见马静华:《侦查权力的控制如何实现——以刑事拘留审批制度为例的分析》,载《政法论坛》2009年第5期;陈涛、李森、闫永黎:《侦查权内部控制实证研究》,载《中国刑事法杂志》2011年第6期。
③ 曹正汉:《观念如何塑造制度》,上海人民出版社2005年版,第59页。

范化程度更高,B县则体现出较大的随意性。比如,A区有较为规范的案件审核程序、内容及相关规定,B县则缺乏,导致实务中B县个人审核的随意性也比较大。相应的,两地在审核效果、对权力的制约程度方面也存在一定的差别。

2. 权威性有限

在制度层面,案件审核制度目前仅仅在公安部诸多关于法制部门工作规范中予以规定,而尚未对该制度的具体内容作出单独的、专门的规定。由于制度的非法定化,导致制度的权威性不高、执行力不够,缺乏实施动力,上述章节中的论述亦表明,公安部的规定在实践中并未得到完全遵循。

在实践层面,如前述,侦查权力控制主要由法制部门这一专门的审核部门来实现,但法制部门的权威性仍显不足,主要表现在:

(1)审核的最终决定权由局领导行使,法制部门的审核意见可能被否定(当然,实践中法制部门的意见被采纳的比例很高)。尽管从行政管理角度讲,局领导由于所处地位更具权威,但在中立性、专业性方面却比法制部门有所不如,可能造成对侦查权力控制的弱化。

(2)法制部门对办案部门的妥协。如在与办案部门意见分歧时,并未严格按照规定执行法制部门的决定,而是与办案人员协商解决等;对办案人员取证材料有瑕疵、取证手段违法等情况,大多通知办案部门自行改过等,均体现出审核中两部门除了制约、规制,还有合作关系。

3. 公正性不高

在制度设计层面,未充分考虑犯罪嫌疑人的权益,审核程序的透明度有待加强。表现在审查方式上包括:

(1)犯罪嫌疑人基本上被排斥在程序之外,由此容易造成审核人员偏听偏信;

(2)以书面为主的审核方式对问题的发现极为有限,特别是对是否存在刑讯逼供等行为不易发现,可能使犯罪嫌疑人对侦查程序的公正失去信心。

在实践层面,尽管要求法制审核人员客观公正、不偏不倚地审核案件,但由于法制人员所处地位,有时出于"内部和谐"的考虑,很难做到完全的客观、公正。

二、原 因 探 析

(一)控权功能发挥之原因

1. 科层式的侦查权力结构

当下案件审核制度之所以能够存在并得以较为有效执行,且产生相应的控权功能,并非公安机关作为一个符号性的权力机关当然可以实现的结果,因为权力并不必然带来权威,符号性的权力更并不必然能够转化为对现实行动的支配力。其原因之一在于科层式的侦查权力结构。

德国著名社会学家马克斯·韦伯曾用理想类型的范式对现代社会组织的结构特征进行了分析,由此提出科层制或官僚制(bureaucracy)的概念。科层制是建立在韦伯的组织社会学的基础上,它体现了德国式的社会科学与美国式的工业主义的结合。按照通行的解释,官僚制是指一种权力依职能和职位进行分工和分层,以规则为管理主体的组织体系和管理方式,也就是说,它既是一种组织机构,又是一种管理方式。① 其运作方式包括:① 存在着固定的、通过规则即法律或行政规则普遍安排有序的、机关的权限的原则;② 存在着职务等级和审级的原则;③ 现代职务的执行是建立在文件(案卷)之上以及各种各样的常设官员和文书班子的基础之上;④ 职务工作一般是以深入的专业培训为前提的;⑤ 职位工作的充分性。②

---

① 参见戴维·比瑟姆:《马克斯·韦伯与现代政治理论》,浙江人民出版社1989年版,第65页。
② 参见〔德〕马克斯·韦伯:《经济与社会》(下卷),林荣远译,商务印书馆2004年版,第278—281页。

美国著名法学家米尔伊安·R.达玛什卡将此理论运用于对现代刑事程序的分析,提出了"科层型法律程序"的理论。在科层型法律程序下,程序的进行按部就班、上级审查全面深入、卷宗是决策的主要依据,排斥集中式审理,遵循严格的逻辑法条主义和程序规则。① 更进一层分析,科层式程序的中心是科层制权威,科层式程序的一切环节均通过其权威主体发挥作用,无论是司法程序还是其他社会管理机制均不例外。美国社会学家彼得·布劳和马歇尔·梅耶则认为,专业型权威是科层制权威的主体,是法理型权威的另一形式;专业型权威依附于较高的行政职位,也有专业技术能力,是解决复杂问题的选择性手段。②

正如达玛什卡在其《司法和国家权力的多种面孔——比较视野中的法律程序》一书中致中国读者的引言中所指出的:"中国的程序环境所展现出来的特征,比较亲合于一种能动型的政府和一套科层式的权力组织机制。"③同样,在侦查权力中,也体现出科层式侦查权力结构。正是在科层式侦查权力结构的驱动下,案件审核程序表现出科层式法律程序的某些特征,从而产生权力控制的功能。在科层式侦查权力组织体系中,上一层级与下一层级之间、平行的层级之间在工作目标、职责定位上有分有合,既可能使侦查进程受合力推动,又可能受到一定的监视和阻碍。不仅如此,在刑事诉讼中,侦查机关还需要扮演多种角色,包括依法严格公正执法的角色,也并非只是承担追诉职责,还负

---

① 参见〔美〕米尔伊安·R.达玛什卡:《司法和国家权力的多种面孔——比较视野中的法律程序》,郑戈译,中国政法大学出版社2004年版,第73—85页。
② 参见〔美〕彼得·布劳、马歇尔·梅耶:《现代社会中的科层制》,马戎等译,学林出版社2001年版,第72—73页。
③ 〔美〕米尔伊安·R.达玛什卡:《司法和国家权力的多种面孔——比较视野中的法律程序》,郑戈译,中国政法大学出版社2004年版,"致中国读者的引言"第2—3页。

有客观义务。① 当不同的角色任务被分配给不同层级或同一层级的不同部门行使时,就可能在它们之间形成张力。案件审核程序的设置正是从实现公正执法目标角度考虑的,而科层式的权力组织形式则为此提供了结构性保障。主要表现在:

(1) 审核层级呈金字塔式构造。审核层级由不同行政职务、承担不同职责的警察构成。由下至上,审核程序的权力等级包括普通侦查人员、侦查部门法制员、侦查部门领导、法制部门审核官员和局领导,这一结构与行政管理的等级结构基本一致。② 在这种权力结构中,处于最下级的是侦查办案人员,他的具体职责是"办案责任",即直接实施侦查以及负责各种法律文书的填写和呈报。办案人员可以作出实施刑事拘留或提请逮捕的初级决策,但这一决策仅能启动案件审核程序,是否可行,要受上级官员的检验,任何一个上级审查官员都可以否决这一决策。第一审核层级是法制员,目前法制员多为兼职,他除了自己承担侦查办案任务外,在案件审核中担任初审的职责。第二级是侦查部门领导。对侦查部门领导来说,指挥侦查是其主要职责。侦查部门领导通过指挥案件侦破,完成上级下达的打击犯罪的任务,并对最终的侦查效果承担责任。同时,在多级审批程序中,部门领导还承

---

① 客观义务的基本含义是要求侦控机关在刑事诉讼中应当保持客观公正的立场,要以客观事实为根据,既要注意不利于犯罪嫌疑人、被告人的证据、事实和法律,又要注意有利于犯罪嫌疑人、被告人的证据、事实和法律,要不偏不倚。许多国家和地区将侦控机关负有客观义务,作为刑事诉讼的一项重要原则在立法和司法实践中加以贯彻。德国刑事诉讼中的客观义务集中体现为检察官的客观义务,1877 年通过的《德国刑事诉讼法》第 160 条第 2 款规定:"检察院不仅要侦查证明有罪的,而且还要侦查证明无罪的情况,并且负责提取有丧失之虞的证据。"英国 1996 年通过的《刑事诉讼与调查法》规定,负责检查犯罪案件的警察,有义务将其调查过程中收集和制作的全部材料进行记录和保存,侦控机关在其后的"初次展示"和"二次展示"中,不仅有义务展示其准备在法庭上使用的有利于控方的相关材料,而且有义务展示其不准备使用而可能有利于辩方的相关材料。我国 1996 年《刑事诉讼法》第 89 条的规定,亦部分体现了这一原则,但尚未作为一项基本原则加以确立。第 89 条规定:"公安机关对已经立案的刑事案件,应当进行侦查,收集、调取犯罪嫌疑人有罪或者无罪、罪轻或者罪重的证据材料。"参见陈永生:《侦查程序原理论》,中国人民公安大学出版社 2003 年版,第 102—109 页。

② 略为特殊的是侦查部门法制员和法制部门审核官员,他们通常并不具有级别意义上的领导职务,而是经制度规定和局领导授权,仅在案件审批程序中行使管理权力。

担"把关责任"。① 第三级是法制部门审核人员,主要按照"审核责任"的要求,对案件事实和程序合法性进行书面审查;对于符合要求的签署审核意见,报局领导审批;对于不符合要求的,提出处理意见,退回侦查部门。第四级是局领导,局领导承担的是"审批责任"。② 在上述层级中,侦查人员的申请必须逐级进行,不得越级上报。任何上级官员都有权否决申请或下一级官员的意见,对此,侦查人员只能服从。在发生争议或对审核存在不同意见时,只有在局领导这一权力金字塔的顶端,意见分歧才通过协商来解决。

(2)审核结构的核心是审核官员。审核官员,即法制部门审核人员,其中立性、专门性、专业性,使其成为实质上的决定主体,从而实现对侦查权力的制约,抑制侦查权力的不当行使。

中立性主要体现在法制部门不从属于侦查部门,不承担侦查职责,与侦查机制相对分离,与侦查结果之间也没有直接利害关系,并由此确保了其业务和心理上的相对独立性,更容易按照一个公正的标准来审查案件的合理性与合法性。案件审核坚持审核与办案相分离的原则,审核机构、人员不得为案件具体承办机构、承办人员。为保证其中立性,不少地方规定,法制部门的目标考核由主要局领导进行。

专门性则体现在法制部门的职能定位为组织、规划、协调、推动公安法制建设。作为公安机关执法监督的主管部门,其主要承担立法与执法的制度建设、案件审核、办理案件与执法监督、执法服务指导、法律学习培训宣传、法律政策研究等工作,因此,职能相对集中。③ 审核

---

① 如按照A区公安局《关于实行四级办案责任制的规定》第4条的规定,把关责任制主要是指各办案单位的领导均应按照"执法工作一岗双责"的分工,直接承担本单位办理的各类案件的审查把关。审查把关的主要内容是:(1)案件来源、受理和立案情况;(2)嫌疑人挡获审查的原因和理由;(3)主、协办侦查员的确定情况;(4)案件的定性和证据情况;(5)办理案件的程序情况;(6)审批意见。

② 如A区公安局的《关于实行办案四级责任制的规定》第6条规定,审批责任制是指分局领导和分局案件审批领导小组对各类案件的审批均应对"事实、证据、定性、程序和材料"五关负责,实行"谁签字谁负责"的责任制。

③ 参见公安部法制局主编:《公安法制系统基础业务大纲》(内部资料),第1—5页。

人员除案件审核一职,基本不再从事其他公安业务。

这种职能分工,在人数相对较多的 A 区分局法制大队更为明显①,这种分工使法制部门审核人员获取的法律信息最为迅速,掌握的法律知识较为全面,并能专注于对案件的实体性和程序性审查。

专业性主要体现在相对于侦查人员和其他审核层级人员,法制审核人员在选配与经验积累方面更为专业。法制部门的人员往往是一个公安局内法律素质较强的公认之才。公安机关本身对法制部门人员要求也比较高,如 C 市、D 市以及 B 县、A 区局的领导在访谈中所谈,不仅要求法制民警具备较为丰富的公安专业知识和法律知识,还必须具备良好的人品(包括正直、公正、不徇私情等)。正如《公安法制系统基础业务大纲》对案件审核岗位技能的要求:"熟悉刑事法律、法规、规章和规范性文件;掌握公安机关办理刑事案件的有关要求及法律文书制作;具有较强的分析、研究和文字表达能力;具有较强的运用法律解决实际问题的能力。"此外,《公安部关于进一步加强公安法制队伍履职能力建设的意见》还提出,要建立法制民警准入制度。按照凡进必考、公开遴选、择优录用的原则,省级以下公安机关新录用并进入法制部门的民警,除符合公务员、人民警察基本招录条件外,原则上需具备法律相关专业知识,并应在试用期内取得基本级执法资格;公安机关内部交流进入法制部门的民警,需取得中级以上执法资格,一般应具备 3 年以上执法办案的岗位经历。长期的案件审核经验使法制民警具备了熟练的案件处理技术。长时间研读案件材料、集体研究案件、与检察机关有关科室的直接联系,这种周而复始的工作,使法制民警具备了较强的审核经验和技术。

与法制部门审核人员相比,办案部门法制员、部门负责人和局领

---

① 在 A 区,法制民警岗位分为审核岗位、执法监督岗位、内务管理及后勤保障岗位。其中案件审核岗位职责是对拟以本局名义作出的具体执法行为,依照法律、法规和规章进行的个案审查,由审核民警和值班民警负责。执法监督岗位职责,是指对分局所属科所队及其人民警察的各项执法活动实施的内部监督,由执法监督民警负责。内务管理及后勤保障岗位职责,是指对分局各项打击处理数据的统计、上报,法律文书和登记簿册的管理,以及各种文件资料的管理归档工作,由内勤民警负责。

导的审核在中立性、专门性和专业性上均表现不突出。如在中立性方面,办案部门法制员、部门负责人既有侦查责任,又有把关责任,前者是追诉功能,后者是监督功能,无疑会产生尖锐的角色冲突。按照利益最大化原则,往往倾向于淡化监督责任,强调打击目标,其结果就是尽可能多地要求采取某种强制措施或侦查手段。且不论是部门民警、还是部门负责人担任法制员,均属于办案部门,在此意义上,侦查部门的法制员、部门负责人与办案人员基本处在一体化的权力结构之中。除非根据预测申请很难获得上级批准,或者是基于复杂的案外因素的考虑,侦查部门领导通常不会否定办案人员的意见。在专门性方面,法制员由于多为兼职,本身负有侦查破案任务[1];侦查部门负责人的主要责任同样是侦查破案,局领导的日常工作也复杂而繁重,由于管理事务较多,对案件的审查通常是形式化的,倾向于简单听取汇报和查阅申请报告。在专业性上亦是如此,尽管要求各部门选任的法制员应具备比一般侦查人员更强的法律知识[2],且法制部门也会定期组织法

---

[1] 尽管有关规范中规定可以配备专职或兼职法制员,但由于基层警力紧张,大多数地方实行兼职法制员制度,即在完成本身打击破案工作、治安管理任务的同时兼任本单位的法制员。目前,部分地区亦在进行专职法制员的试点,如 E 省 C 市的一分局,针对兼职法制员缺乏行政体制上的支撑、权威性不足、作用发挥有限等问题,实行了专职法制员制度,由分局统一向基层办案单位派出专职法制员,开展执法监督、案件审核、业务培训和执法制度建设等法制工作,派驻的法制员属分局法制大队人员编制,人员由法制大队管理,工作情况和绩效由法制大队统一考核。分局将全局11个派出所、5个大队划分为5个片区,专职法制员以包片形式下到基层实战单位开展工作。

[2] 如《E 省公安机关法制员选任管理办法》规定,担任法制员应当具备下列条件:具有人民警察身份和执法资格;政治素质过硬,道德品行良好,具有较强的事业心和责任感,能够秉公执法,在民警中具有较高威信;具有全日制大专以上学历和3年以上执法办案经历;熟悉基本法律、法规、规章和本部门常用的法律、法规、规章;熟悉公安法制工作,具有较强的执法指导和监督能力;3年内无违法、违纪行为和重大执法过错行为;具有正常履行职责的身体条件;自愿从事法制员工作。

制员进行法律知识培训①,但法制员、部门负责人和局领导在对法律知识的掌握和法律知识的运用上均不及法制民警。局领导尽管处于审批制权力结构的金字塔之端,但对案件的审查更多是监视性的。② 正是因为法制部门审核这一关键环节的存在,法制部门行使着实质性的审查决定权,致使侦查人员很难完全按照自己的意志行使侦查权力,侦查权力受到一定规制。

(3) 在书面审核下,卷宗成为审核的主要依据

审核的方式是对书面材料进行审查。卷宗成为决策的主要依据,通过书面、规范、细密的卷宗审查方式,确保了案件审核的质量。案件审核依赖于侦查人员提供的证据材料及其他相关材料,这些材料构成刑事拘留审批的案件卷宗,如果缺乏书面申请、证据或线索材料等书面材料,案件通常不会被受理,其精神是"无卷宗即不存在"(欧陆法系)。

在不同的审批层级,对"卷宗"的意义亦有不同理解,卷宗所起的作用也因之有别。侦查部门领导、法制员和侦查人员指挥或参与案件的侦查,会直接感知各种线索、证据和相关信息,那些未经裁剪的、丰富多彩的案件信息构成了一个生动而庞杂的"卷宗",侦查部门的申请即是建立在此基础之上。与这种"卷宗"的主观性相比,法制部门审核人员所要求的则是一个以证据为主构成的客观化的"卷宗"。审核案件时,审核人员通常采用阅卷方式审查证据,并在此基础上作出事实

---

① 《E省公安机关法制员选任管理办法》规定,公安机关法制部门应当对新聘任的法制员进行任前培训,促使法制员明确职责任务,掌握工作方法;法制部门应当建立法制员定期培训制度,加强对法制员的教育培训,提高法制员的法制工作能力和法律知识水平。这在基层公安机关基本得到落实,如A区和B县,每年均会安排一定时间对法制员进行专门培训,而且在一些涉及公安执法的新法新规出台后,也会及时组织法制员学习。

② 不可否认,监视性的权力也能够发挥相当大的作用。以监狱中的全景敞视建筑为例,福柯分析了监视性权力的作用机制:在被囚禁者身上造成一种有意识的和持续的可见状态,从而确保权力自动地发挥作用;监视具有持续的效果,即使监视在实际上是断断续续的。参见〔法〕米歇尔·福柯:《规训与惩罚》,刘北成、杨远婴译,三联书店1999年版,第226页。

判断。办案人员口头汇报中涉及的个案信息,主要起次要的、补充性作用。审查过程中,"印证式"证明方式也得到充分利用①,不仅要审查案件事实,还要审查相关法律依据,同时,还会对申请材料的完备性及申请文书的规范性进行检验。在此方面,刑事拘留、提请逮捕的审查与起诉审查并无实质性差异。局领导的决定主要依据法制部门的意见,因此法制部门审核人员签字的申请报告构成"卷宗"的主体。比较而言,法制部门建构的是一个全面式的"卷宗",局领导所要求的则是一个摘要式的"卷宗"。可见,随着审批层级的递进,"卷宗"的抽象化程度越高。但是,在一个以承办人制度为核心的审批程序中,决定案件审批结果的"卷宗"只能是一个规范的、书面化的证据体系。通过审查方式与审查结果的反射性影响作用,审核承办人或局领导所遵循的审批标准也逐渐为侦查部门和侦查人员所熟知、接受,成为适用的一般标准,并在一个侦查管辖区域内得以适用。通过上述审核方式,刑事拘留和提请逮捕的审核就具备了"质量控制"的功能,成为公正、有序的侦查活动的必要保障,或者是个案"正当程序"的重要组成部分。②

2. 公安机关的内部推动

德国社会学家尼古拉斯·卢曼认为,任何系统都不是孤立和自我封闭的,而是同环境有密切交往和沟通的开放系统,因此,系统的独立特征不但仰赖于系统本身内在要素的复杂自律性,也仰赖于内在因素和环境之间的复杂关系。③ 组织社会学关于组织与环境关系中的"适应模型"也表明,组织为了适应环境的变化,必须对自己的行为作出调整,而且当系统外部的环境变化达到一定阈值时,系统必须抛弃原有

---

① 印证证明是我国刑事诉讼实践通行的事实认定机制。参见龙宗智:《印证与自由心证——我国刑事诉讼证明模式》,载《法学研究》2004 年第 2 期;谢小剑:《我国刑事诉讼相互印证的证明模式》,载《现代法学》2004 年第 6 期。
② 参见马静华:《侦查权力的控制如何实现——以刑事拘留审批制度为例的分析》,载《政法论坛》2009 年第 5 期。
③ 参见高宣扬:《鲁曼社会系统理论与现代性》,中国人民大学出版社 2005 年版,第 121 页。

的结构方案与行为模式。① 作为社会分化而形成的公安机关,无疑构成了一种独立的系统,并要与自己系统之外的环境发生信息交换,并根据外部环境的变换而调整或改变自己的行为。可以说,正是公安系统外部环境的变化,导致了公安机关直接以体制性的力量引导着案件审核制度,继而在很大程度上保证案件审核制度权力控制功能的实现。

任何官僚组织的外部环境在很大程度上都取决于它所生存的特定的社会和时代。② 自 20 世纪 90 年代以来,中国的社会结构与政治结构已经发生了急剧转型,整个社会的治理结构正逐步转向一种法理型,法制与法治成为整个社会与时代的主题。因此,在法理型治理理念之下生成发展起来的案件审核制度,不能仅仅追求控制犯罪嫌疑人以服务于国家惩治犯罪的总体要求,而是要在保障犯罪嫌疑人权利与控制侦查的基础上,实现国家的整体治理目标。为了与此相适应,公安机关必须对原有的理念与行动进行调整。近年来,在这方面,公安机关从公安部到基层公安机关都做了很多工作,特别是公安部,这种来自内部的推动,使案件审核制度正朝着更加规范、更加法治化的方向迈进。

(1) 组织意识的强化。科层制权力结构中,上层官员逻辑法条主义的态度决定了整个组织的基调,主导性的观念形成于上层,并且层层渗透到下层官员之中。③ 为此,公安机关内部通过各种意识形态话语灌输、主题教育以及其他专项活动,以期培养民警的权力监督意识和案件质量意识。多年来,公安部的诸多行动都是围绕此目的而展开的。比如,2003 年 3 月至 12 月,在全国公安机关部署开展"贯彻十六大,全面建小康,公安怎么办"的大讨论活动以及"为谁执法、为谁服

---

① 参见〔美〕彼得·布劳、马歇尔·梅耶:《现代社会中的科层制》,马戎等译,学林出版社 2001 年版,第 115—120 页。

② 参见〔美〕安东尼·唐斯:《官僚制内幕》,郭小聪等译,中国人民大学出版社 2006 年版,第 48 页。

③ 参见〔美〕米尔伊安·R.达玛什卡:《司法和国家权力的多种面孔——比较视野中的法律程序》,郑戈译,中国政法大学出版社 2004 年版,第 35 页。

务"的大讨论,被称为"一场执法理念的思想风暴"。[①] 2003年11月,在中国公安史上具有里程碑意义的第二十次全国公安工作会议在北京召开,这次会议对大讨论作了总结,明确提出了执法为民是公安执法思想的核心,并确定了新时期公安机关的三大政治和社会责任,即巩固共产党执政地位、维护国家长治久安、保障人民安居乐业。2004年,全国公安机关又开展了大练兵活动,主要内容包括:基本知识学习、基本体能训练、基本技能战术训练及专业知识学习和业务技能训练等诸多方面。2005年,全国公安机关开展了以树立依法治国、执法为民、公平正义、服务大局、党的领导五大理念为主要内容的"社会主义法治理念教育"活动以及"规范执法行为、促进执法公正"专项活动,同时,针对公安信访突出问题,开展了"大接访"活动,集中检验和解决公安工作和队伍建设中的各种问题。2006年,部署开展了"抓基层、打基础、苦练基本功"三基工程建设,要求坚持不懈,一抓三年。2007年,公安部下发了《关于进一步提高公安队伍法律素质的指导意见》,就提高广大民警法律素质作出专门部署,要求各地大力加强法律学习培训。2008年年底,又提出开展包括信息化建设、执法规范化建设、和谐警民关系建设三项建设。2013年6月郭声琨部长代表国务院向十二届全国人大常委会第三次会议报告为期五年的公安机关执法规范化建设工作情况时指出,执法规范化建设的亮点之一是大力加强执法主体建设,1000万人次参加执法培训;183.3万名民警取得基本级执法资格。近年来,公安机关坚持把执法主体能力建设置于基础性、先导性、战略性地位来抓。其中一个重要方面是牢固树立正确的执法理念,公安部在全警组织开展社会主义法治理念教育的基础上,针对执法环境的新变化和人民群众的新期待,进一步提出既坚持严格、公正、规范执法,又坚持理性、平和、文明执法,并在全警开展学习讨论,促进了公安队伍执法理念和执法方式的重大转变,为规范和改进各项公安

[①] 杨淑珍:《大讨论:一场执法理念的思想风暴》,载http://www.cpd.com.cn/gb/newspaper/2008-12/17/content_1066531.htm,最后访问时间:2014年6月3日。

工作发挥了引领作用。① 为进一步贯彻落实党的十八届四中全会精神,2014年9月,在全国公安厅局长座谈会上,郭声琨部长强调,要在继续巩固"三项建设"成果的基础上,全面深化公安改革,大力推进基础信息化、警务实战化、执法规范化、队伍正规化建设,进一步提升公安机关的履职能力和水平。② 2015年3月,公安部又印发《关于贯彻党的十八届四中全会精神深化执法规范化建设全面建设法治公安的决定》,要求全体公安民警牢固树立法治观念,善于运用法治思维维护国家安全、社会稳定,善于依靠法律手段加强社会治理、维护治安秩序,善于运用法治方式化解社会矛盾、促进社会和谐,做自觉守法、严格依法办事的表率,自觉接受监督;领导干部要以身作则,全面建立领导干部学法、用法制度,加大对领导干部法律培训力度,加强对领导干部尊法、学法、用法、守法和依法决策情况的考核监督;强化执法实战培训,完善法律规定与实践应用相结合的教育培训机制;全面落实执法资格等级考试结果运用,推动将基本级执法资格考试作为公安民警的准入考试。③

上述活动以及专项行动,都将培养人民警察的人权观念、权力监督与案件质量意识。当然,公安机关组织意识整合的努力,并不仅仅停留在公安部层面,地方公安机关同样也在进行。近年来,E省公安厅部署开展了一系列主题活动,比如,2008年开始的为期1年半的"素质大培训、技能大练兵、作风大转变"主题活动;2011年开始的为期3年的"警民亲"活动等。通过活动的开展,旨在提高公安队伍整体素质,转变公安机关工作作风,树立公正、高效、权威的执法形象。同样,意识层面的整合活动在所调研的A区分局和B县分局也有开展。两

---

① 参见《公安部:盘点公安机关执法规范化建设六大亮点》,载http://www.gov.cn/gzdt/2013-06/27/content_2435325.htm,最后访问时间:2014年6月3日。
② 参见《全国公安厅局长座谈会召开,深入学习贯彻习近平总书记重要指示精神,进一步加强和改进公安工作和队伍建设》,载http://www.mps.gov.cn/n16/n894593/n895609/4163681.html,最后访问时间:2015年5月20日。
③ 参见:《公安部推出系列措施深化执法规范化建设》,载http://news.china.com.cn/live/2015-03/20/content_31905241.htm,最后访问时间:2015年5月20日。

地按照上级公安机关的要求,对民警进行了各种关于权力监督与案件质量意识的教育。

(2) 组织行为的整合。在意识层面强化的同时,公安机关还进行了各种组织行为的整合,即通过各种制度规范建设与制度创新,强化对民警行为的监督控制,将意识层面上的权力监督意识与人权意识落到实处,提高案件质量。其中主要包括以下几个方面:

首先,完善刑事侦查程序和实体方面的规范。如1996年《刑事诉讼法》和2012年《刑事诉讼法》颁布实施后,公安部都对《公安机关办理刑事案件程序规定》进行了修订。近年来,《公安机关适用刑事羁押期限规定》《公安机关刑事案件现场勘验检查规则》《公安机关讯问犯罪嫌疑人录音录像工作规定》《公安机关执法细则》等一系列重要规章和规范性文件相继出台,形成了比较系统的公安机关刑事侦查的程序规范体系。为统一执法标准、规范自由裁量权的行使,公安部还单独或者联合有关部门制定了一系列立案标准和适用法律指导意见,如会同最高人民检察院联合制定了《关于经济犯罪案件追诉标准的规定》和《关于公安机关管辖的刑事案件立案追诉标准的规定(一)》,明确了公安机关管辖的经济犯罪案件和98种普通刑事犯罪案件的立案追诉标准。2008年以来,公安部根据《中华人民共和国行政强制法》和修改后的《刑事诉讼法》等法律规定,制定、修订了《公安机关办理刑事和行政案件程序规定》等23件部门规章,制定了29万字的《公安机关执法细则》,发布了有关"巡逻盘查""现场处置""涉案财物管理"等执法重点环节的330余件规范性文件。各地公安机关紧密结合执法实际,针对重点领域和薄弱环节,制定了受立案、调查取证、行政处罚裁量标准等一大批操作规范。据统计,仅省级公安机关就制定了2 800余件规范性文件,有效规范了民警执法活动。①

---

① 参见郭声琨在十二届全国人民代表大会常务委员会第三次会议上所作的《国务院关于公安机关执法规范化建设工作情况的报告》,载 http://www.npc.gov.cn/npc/xinwen/jdgz/bgjy/2013-06/27/content_1798652.htm,最后访问时间:2015年5月20日。

第二，建立了以案件评审与案件质量管理为核心的各种制度规范，拓展执法监督的渠道。除案件审核制度外、建立执法过错责任追究、执法质量考评、个案评判等一系列制度。将对各类案件是否符合诉讼程序、是否超期羁押、法律文书及案卷归档是否规范等内容的审核均纳入执法质量考评考核体系，并与民警的绩效考核有机地结合起来，使静态的制度转化为动态的机制，将质量意识落实到每个环节。在《全国公安机关执法规范化建设总体安排》中，将完善案件法律审核把关制度作为执法规范化建设的重点工作之一，要求"各级公安机关和各部门、警种要结合本地区及本部门、警种执法工作实际，明确法律审核把关的主体、确定把关案件的范围和执法环节，完善案件法律审核制度。要建立不同意见备案制度，将法律审核、案件审议中的不同意见记录在案，作为执法检查和责任追究的依据。对因未采纳正确意见而导致错案的，不追究提出正确意见人的责任"。通过严格开展执法质量考评，坚持日常考评、阶段考评与年度考评相结合的考评模式，强化了对执法重点环节、执法安全等情况的考评，注重民意导向、社会评价。通过建立个案评查制度，强化了日常执法检查，及时发现并纠正执法过错。此外，加强问题管理，有针对性地组织开展了执法办案场所安全隐患、涉案财物管理不规范等突出问题专项治理活动，对发现的执法问题查找原因，严肃查处，警示全警。例如，2011年3月至12月，全国公安机关专项整改涉案财物管理问题，建成规范化涉案财物保管场所2.6万个。①

第三，积极推进执法信息化建设。从2006年开始，公安部逐步推行执法信息化，组织开发了执法与监督信息系统软件，并在河北、海南等地公安机关进行试点。目前，各地公安机关大力开发应用省级公安机关统一的网上执法办案与监督信息系统，实行"执法信息网上录入、

---

① 参见郭声琨在十二届全国人民代表大会常务委员会第三次会议上所作的《国务院关于公安机关执法规范化建设工作情况的报告》，载http://www.npc.gov.cn/npc/xinwen/jdgz/bgjy/2013-06/27/content_1798652.htm，最后访问时间：2015年5月20日。

执法流程网上管理、执法活动网上监督、执法卷宗网上生成、执法质量网上考核、执法档案网上形成"的执法办案新机制。公安机关案件信息必须录入网上办案系统,严格按规定程序操作,缺失任何一个法定步骤,下一个步骤就无法进行。此外,公安机关还为一线民警配备现场执法记录仪,对接处警、现场勘查等执法现场进行同步录音录像;建立视频监控系统,对执法办案场所、巡逻车辆、110 接处警情况进行实时监控。通过信息化手段应用,提升了执法办案效率,强化了对执法办案活动的监督制约。

公安机关的上述努力,其实质在于将系统外部环境变化带来的新结构要素整合进自己的行动之中,实现系统自身帕斯森意义上的"适应性升级"(adaptive upgrading)。① 正如公安部法制局局长孙茂利所言,公安机关是执法机关,其履职行为就是执法行为,因而最容易出现问题的也正在民警日常执法活动上……目前全国共约有 200 万名公安民警,执法规范化建设是涉及各级公安机关、各部门、各警种以及每一名民警的"变革",是一项涉及端正执法思想、规范执法主体、完善执法制度、规范执法行为、强化执法管理、加强执法监督等内容的系统工程。② 对审核官员而言,上述要求在某种程度上构成了一种体制性的规训。因为它们包括一系列手段、技术、程序、应用层次、目标。③ 在这种体制性力量的规训之下,审核官员的案件审查意识与行为都可能发生变化。在调查中,无论是审核官员,还是局领导,他们在话语层面均表达了对人权保障与侦查控制的强调。意识层面的变化也反映在对日常案件的审核处理实践中。一位审核人员谈到,现在的执法环境与以前大有不同,国家要求依法治国,要讲法治、讲人权,公安机关也

---

① 参见〔英〕布赖恩·特纳编:《社会理论指南》(第 2 版),上海人民出版社 2003 年版,第 148 页。

② 参见于呐洋:《200 万公安民警"形象工程"的保卫战——公安部法制局局长孙茂利谈执法规范化建设》,载《法制日报》,转引自:http://www.police.com.cn/Article/xinJen/jczx/201001/20833.html,最后访问时间:2015 年 6 月 2 日。

③ 参见〔法〕米歇尔·福柯:《规训与惩罚》,刘北成、杨远婴译,生活·读书·新知三联书店 2003 年版,第 241—242 页。

不断强调人权保障,并制定了相关的制度规定,因此,在审核案件中也要树立人权保障的意识,强调案件办理的法律效果、社会效果和政治效果的统一。这位审核人员的表达,诠释了审核人员个体在公安机关的体制性整合之下案件审查行为发生的变化以及变化的原因。

希尔斯曾言:"个人和机构不得不改变过去的行为和信仰方式,创造新范型的并非总是自由的想象,它常常是适应环境的'需要'。"① 同样,案件审核制度理性化因素的增强,在很大程度上也源于公安机关在社会整体环境变化后的自我调整。无论这些调整基于何种动机,相对于制度变迁而言,这已经并不重要。重要的是我们应该看到,这些调整本身体现的就是一种"自组织原理"下的结构转型,表征的是组织与系统之间相互调适的过程。正如法国社会学家米歇尔·克罗齐耶与埃哈尔·费埃德伯格在分析组织与环境关系时所指出的那样:"组织与环境的关系不能被削减为纯粹的单方面对于一种外来影响的适应。事实上,这是一个交换的恒定过程,通过这个过程,我们可以有选择地说,一个组织向其参与的更宽泛的系统开放。通过这个系统,它就可以把那一系统的组成部分整合进它自己的系统之中。"② 同样重要的是,这些调整本身使得案件审核制度的现代性已经具有了相当的制度基础,也为案件审核制度的现代性提供了诸多可资利用的转型资源。

(二) 控制功能发挥不足之原因

尽管当下案件审核制度已经基本形成较为规范的机制程序和责任体系,在实践中亦发挥了一定的控权效果,但是,控权功能的发挥仍然较为有限。究其原因,除案件审核制度本身尚待完善之外(这将在下章中分析),从宏观角度,还与以下因素密切相关:

1. 审核主体与监督对象的整体同质性

就刑事诉讼程序而言,美国学者卓尔·萨马哈曾指出,平衡乃刑

---

① 〔美〕E. 希尔斯:《论传统》,傅铿等译,上海人民出版社1991年版,第62页。
② 〔法〕米歇尔·克罗齐耶、埃哈尔·费埃德伯格:《行动者与系统——集体行动的政治学》,张月等译,上海人民出版社2007年版,第164页。

事诉讼的核心问题,刑事诉讼程序是按照平衡相互冲突的利益的中心议题组织的。① 权力与权利是充斥刑事诉讼场域、彼此发生密切互动甚至激烈碰撞的两种基本因素。一切刑事诉讼制度都必须也必然考虑保障国家权力的有效行使,以及打击犯罪与充分保障涉讼公民基本权利的问题。② 在侦查阶段亦如此,而且,侦查阶段权力与权利的利益冲突与平衡问题尤为突出。

侦查机关的法定职责定位为查清犯罪事实、收集证据、查获犯罪嫌疑人。从应然的视角看,侦查机关可以在保障公民基本权利的情况下,实现查清犯罪事实、收集证据、查获犯罪嫌疑人的目的。但这需要具备两个前提条件:

(1) 司法资源充足,科技水平足以为侦查机关查清事实、收集证据、查获犯罪嫌疑人提供技术上的支持;

(2) 侦查人员都能依照权力的宗旨和法律的要求来行使职权。

当然,以上条件只是一种理想化的要求,侦查人员不仅受认知能力、司法资源短缺及科技发展水平的限制,而且拥有权力的人又总是喜欢滥用权力,人们可以把它比作附在权力上的一种咒语——它是不可抵抗的。所以,侦查机关难以在不与公民权利损害发生任何联系的情况下,去完成职责任务。而无论司法资源及科技水平是怎样的有限,民众对国家的要求不会改变。一旦犯罪发生,尤其是影响社会安全的犯罪,人们首先要求侦查机关尽快查清犯罪事实,查获犯罪嫌疑人,却往往并不关注采取何种手段来实现上述目标。③

同样,侦查阶段的利益冲突与平衡在我国亦突出显现。如前述,尽管我国公安系统内警种繁多、职责明晰,以金字塔式的权力等级为

---

① 参见何家弘、廖明:《多元平衡的价值观乃公正执法应有之义——执法观念二人谈》(上篇),载 2004 年 3 月 22 日《检察日报》。
② 参见左卫民:《刑事诉讼的经济分析》,载《法学研究》2005 年第 4 期。
③ 参见尹茂国:《侦查阶段的利益冲突》,载《国家检察官学院学报》2009 年第 6 期。

其基本结构,以按规定办事为部门和个人的行动准则。① 在这种官僚制的行政组织体系中,各部门之间可能因为明确的职责分工而形成制约关系,又因严格的规章制度及考核奖惩等机制,使这种制约关系得以正常运行。但是,审核人员与办案人员始终处于同一组织体系中,属于公安目标体系中的一个环节。这种情况必然导致审核人员在理念和价值判断上使犯罪控制与权利保障的理念相互交织。而与法制部门预设的理想目标相比,实践中更容易受到科层制的影响,侦查权力监督的功能容易被冲淡。比如,对法制部门的职责定位,一方面将其定位为监督部门,另一方面在实践中又强调其服务职能,《公安机关法制部门工作规范》第 2 条就明确要求,法制部门应当坚持为公安中心工作服务、为领导决策服务、为执法工作服务的原则,充分发挥职能作用,推进公安工作和公安队伍建设的正规化、制度化、法制化。原公安部法制局局长柯良栋在 2009 年全国公安法制处长座谈会上的讲话中曾强调,要充分发挥法制部门的服务职能,进一步增强服务意识,增强对基层民警的感情,切实提高服务基层执法工作的质量和水平;帮助、指导基层抓好执法规范化建设;创新服务方式,为基层执法提供便捷、高效的法律指导;加强与其他部门的协作。访谈中,审核人员也认为,法制部门不仅要监督办案部门,还要服务于办案部门,两者之间本身存在一定矛盾。而且法制部门与办案部门都是为打击犯罪工作,因此在案件审查中不可能不考虑办案部门和办案人员的因素,完全把自己摆在监督者的位置,这也不利于工作的开展。应该说,这一想法从很大程度上暗示在"打击犯罪"的共享观念下,审核人员不仅将自身视为与办案人员同质,也会将控制犯罪嫌疑人的理念穿插在案件审核之中,前面章节中提及的侦查控制方面的不足,均与此相关。

进一步分析,审核人员对控制犯罪过度关注的原因还在于:

(1)侦查程序的设计理念和现实观念。长期以来,我国刑事程序

---

① 参见〔美〕理查德·J.霍尔登:《现代警察管理》,张鸣等译,中国人民公安大学出版社 1990 年版,第 210—213 页。

特别是侦查程序都是以打击犯罪为基本理念而设计与运作的,强调国家刑事追诉机构权力运用的积极性、主动性以及其在犯罪嫌疑人、被告人面前所呈现出来的压倒性优势,强调对犯罪活动的无情镇压和快速打击。① 1996 年《刑事诉讼法》规定的以查明实体真实、有效打击犯罪为刑事诉讼旨归的基本理念并未发生根本性变化,尽管 2012 年《刑事诉讼法》把尊重和保障人权作为基本原则写入了法律,但在执行中,仍然存在一些矛盾和问题,如加强权利保障等,使打击犯罪与保障人权的矛盾更为突出。在落实保障人权的具体规定上,如在非法证据排除、辩护权保障与辩审关系、强制措施应用、证人出庭及书面证言使用、庭前会议程序、行政执法证据应用等问题上,也存在有待解决的矛盾和问题。② 特别是当下,我国正处于人民内部矛盾凸显期、刑事犯罪高发期、对敌斗争复杂期。由于社会矛盾和社会冲突的增多以及解决这些问题措施不力,"社会稳定问题"已经成为当今中国社会一个难以解开的"结"。③ 强调社会秩序的稳定,甚至"稳定压倒一切",仍然是我国社会的主导性观念,因此,增强控制犯罪的能力以有效地实现刑事司法的目标,亦是刑事政策的重点,在上述观念指引下,审核人员极易与办案人员在控制犯罪上达成一致而忽视对侦查权力的控制。

(2)侦查能力存在不足。行为科学认为,行为主体的能力直接影响着他对行为的选择。④ 在侦查能力方面,近年来,国家对侦查工作的投入不断增大,侦查的科技化、信息化水平不断提升。2013 年,公安机关利用 DNA 破案达 10 万起;各地储存十指指纹信息已过 1 亿条,每年利用指纹比对直接破案 11 万余起。

近年来,公安刑侦系统已建成全国在逃人员、重大案件、犯罪指纹、被盗抢汽车、失踪人员、DNA、现场勘查信息系统等多个贯通全国、

---

① 参见左卫民:《刑事诉讼的经济分析》,载《法学研究》2005 年第 4 期。
② 参见龙宗智:《新刑事诉讼法实施:半年初判》,载《清华法学》2013 年第 5 期。
③ 参见清华大学课题组:《以利益表达制度化实现长治久安》,载《学习月刊》2010 年第 23 期。
④ 参见毛立新:《侦查法治研究》,中国人民公安大学出版社 2008 年版,第 197 页。

服务全警的信息系统,各地也建立了适应各自工作特点的信息系统,公安机关利用信息化手段破获案件的数量达到破案总数的 30% 以上。① 但是从总体上讲,仍存在如下问题:① 我国在侦查方面的投入还较为有限,整个社会控制机制还亟待完善,侦查机关办案方式和手段还比较陈旧,整体侦查水平还比较低。② 侦查人员的整体素质也有待提高,如前述,近年来,公安机关越来越重视执法主体建设,注重民警法律素质的提升,但是公安队伍的整体素质还不高,特别是近年来各地为缓解警力不足而补充了大量警力,新警察在侦查办案技巧、法律知识的掌握和运用方面均存在一些问题和不足。

因此,在侦查破案压力大而侦查人员能力有限的情况下,由于处于同一组织体系的天然亲密关系,基于群体利益的需要,审核人员往往中立性不足,极易对侦查人员抱持同情态度,在审查过程中有意或无意地"顺应"侦查人员的愿望,而非客观公正地监督侦查权力的行使。

2. 刑事司法中的部分政策

如前述,由于公安机关内部的大力推动,使案件审核制度能够发挥一定程度的控权功能和作用。从另一视角分析,当下公安机关践行的部分刑事政策,以及与之有关的公安管理模式、执法方式等,又制约和影响了案件审核制度功能的发挥。

尽管有话语层面与实践层面的刑事司法法治化的改革方略,但刑事政策仍然在实践中发挥着巨大作用。② 作为"国家用来抗制犯罪的法律上的一些措施和手段的总和"③,刑事政策这一法律规则之外的"规则",在我国特定的司法背景和条件下,对司法实践产生的影响不亚于甚至超过刑事法律本身的制度设计。同样,刑事政策对公安机关

---

① 参见《17 年来公安部首开全国刑侦会:主动适应以审判为中心的改革》,载 http://news.hexun.com/2014-12-24/171736706.html,最后访问时间:2015 年 6 月 5 日。

② 参见陈卫东、石献智:《刑事政策在刑事司法中的地位和作用》,载《江海学刊》2002 年第 5 期。

③ 陈兴良:《对我国"严打"刑事政策的检讨》,载 http://www.criminallawbnu.cn/criminal/Info/showpage.asp? pkID = 15772,最后访问时间:2015 年 6 月 5 日。

侦查阶段的影响亦如此。

由于我国刑事政策具有的意识形态化、国家化、策略化特征①,导致部分刑事政策的科学性、合理性、全面性不足,对公民权利的关照也存在缺失。具体到实践中,以"严打"为例,从1983年至今,我国先后开展了三次"严打",而"严打"的刑事政策在司法活动当中,均带有一种运动式的活动倾向,如2001年开始的第三次"严打",主要针对"黑恶势力"猖獗,爆炸、抢劫等暴力犯罪严重,盗窃案件多发等情形而展开的,"严打"的方针是对上述严重影响群众安全的三类多发性犯罪予以重点打击,依法从重从快,并相应下达了各种指标。除"严打"外,公安机关在社会治理和管理方面,每年还会部署各种专项整治行动,针对突出的社会治安问题和犯罪问题开展重点整治和打击。如2009年,公安部部署的专项行动或斗争包括打击电信犯罪、打黑除恶、命案侦破、打击涉枪涉爆犯罪、打击拐卖妇女儿童犯罪、打击电信诈骗、打击假币犯罪、打击淫秽色情活动、打击毒品犯罪"09"破冰行动等20余项专项行动。2010年,公安部部署开展了"2010严打整治行动",严厉打击个人极端暴力犯罪、涉枪涉爆犯罪、黑恶势力犯罪、电信诈骗犯罪、拐卖儿童妇女犯罪、"两抢一盗犯罪"和"黄赌毒"等违法犯罪;2011年重点部署了"打四黑除四害""清网"行动等专项行动;2012年开展了严厉打击经济犯罪"破案会战"、整治非法集资、打击电信诈骗专项行动、打击拐卖儿童妇女犯罪等专项行动;2013年,开展了打击食品安全犯罪、电信诈骗犯罪、侵犯公民个人信息犯罪、污染环境犯罪、网络违法犯罪等八个专项行动。在以上林林总总的专项行动中,大都设置了具体量化的考核指标,均要求案件快侦快破,要求对犯罪嫌疑人依法严厉打击。这种运动式执法,与刑事司法规律本身不符,也影响到法律执行的稳定性和连续性,尤其是运动式执法往往带有"从严、从快"的特点,常常会侵犯犯罪嫌疑人的权利,牺牲执法甚至司法过程

---

① 参见陈兴良:《对我国"严打"刑事政策的检讨》,载 http://www.criminallawbnu.cn/criminal/Info/showpage.asp? pkID = 15772,最后访问时间:2015年6月5日。

中的程序和实质正义。近年来曝光的许多重大冤案,多是发生在这些"严打"行动期间,如云南孙万刚案、杜培武案、王树红案,河北李久明案等。①

此外,在"从严、从快"政策指导的各种专项行动中,公安机关对犯罪嫌疑人予以逮捕羁押相当普遍,一般不适用非羁押性的取保候审、监视居住强制措施,因为公安机关普遍将立案数、破案数、逮捕数、移送起诉数等作为对专项行动考核的指标,导致强制措施的适用理由和目的错位。这无疑也影响到案件审核的定位和功能发挥。同时,运动式执法导致侦查人员疲于应付,加之司法能力不足、经费有限、装备落后等原因,为完成打击处理数量,必然会考虑降低成本,而降低成本必然放宽对国家权力的限制。换言之,加大了执法者对公民个人权利的限制。② 在此背景下,侦查人员往往采取最便于查证犯罪的传统侦查手段,而羁押无疑成为首选之项;作为同一组织体系中的案件审核人员和侦查人员,不是通过行使不同职责强化监督,而是强化协作配合,以完成组织共同的目标任务,而在"协调商量"过程中,犯罪嫌疑人的侦讯客体地位难以避免,案件审核作为控制侦查权力的功能也大大弱化。在对 A 区和 B 县相关人员的调查问卷中,65%的审核人员认为,国家的刑事政策对审核有一定影响或影响很大。A 区一名审核人员明确表示,正是因为目前公安机关各种专项行动存在的考核指标,使审核人员在审核时不得不更多地考虑团体利益。审核人员的公正性、中立性受到影响。这一问题已经引起高度关注,并成为我国在司法体制改革和公安改革中的重要内容。2015 年 1 月 20 日,中央政法工作会议要求中央政法各单位和各地政法机关对各类执法、司法考核指标进行全面清理,坚决取消刑事拘留数、批捕率、起诉率、有罪判决率、结案率等不合理的考核项目。③

---

① 参见毛立新:《侦查法治研究》,中国人民公安大学出版社 2008 年版,第 251 页。
② 参见黄维智:《业务考评制度与刑事法治》,载《社会科学研究》2006 年第 2 期。
③ 参见陈菲、周伟:《中央政法委取消有罪判决率等考核指标》,载 http://news.xinhuanet.com/mrdx/2015-01/22/c-133937951.htm,最后访问时间:2015 年 6 月 3 日。

第八章 结论

一、推进侦查法治化的另一种途径

法治话语已经成为我们所生存的这个时代的意识形态。[①] 与我国社会持续不断的重大转型相适应,我国刑事司法制度正处于剧烈的转型和变革之中。推进侦查的法治化,也不容置疑地成为变革的总体方向和趋势。法治既是一种目标和结果,更是一种过程。推进侦查程序的法治化有两条基本进路:对侦查权力进行有效制约、对犯罪嫌疑人权利予以充分保障。本书主要在前一意义上进行了探讨。而就侦查权力控制类型而言,可以分为两类,横向——民主式的控制和纵向——科层(官僚)式的控制。具体的控制方式则包括三种:司法审查、检察监督和内部制约。基于我国当下侦查权力控制方面存在的问题与不足,在我国侦查权监督和控制的改革方案的设计上,学者们提出了不同方案,既有近期方案,也有中远期方案。如导言所述,不少学者均强调对侦查权力实施外部制约即横向控制的重要性,其中特别主张引入司法审查制度,以制约侦查权力的行使,其核心主张是设置一个中立的司法机构对侦查措施进行司法审查和授权,建立一种"诉讼"

[①] 参见梁治平:《法治:社会转型时期的制度建构》,载梁治平主编:《法治在中国:制度、话语与实践》,中国政法大学出版社2002年版,第87页。

的形态,通过司法权的控制确保侦查权力行使的理性化。① 当然,完善传统的检察机关侦查监督制度,解决长期以来存在的监督规定过于原则、监督信息来源渠道不足、监督手段缺乏刚性等问题,也一直为部分学者所主张②,并在2012年《刑事诉讼法》中体现为进一步强化检察机关的监督职能,扩展检察监督的范围。③ 对于上述主张,无疑在人权保障向度上具有重大理论意义。控权主体从内部走向外部,也是实现侦查法治的基本规律之一。④ 尤其,司法审查原则已经成为国际公认的约束强制侦查权力的刑事司法准则。⑤ 但是,基于当下我国现实的政治结构与社会条件,在当下我国语境和现有权力控制形态下,笔者认为,侦查权力控制的科层制模式亦是一种相对合适的模式,我们在继续致力于推进司法审查、完善检察监督的同时,亦可以通过加强侦查权的内部制约,主要是完善案件审核制度来强化对侦查权的控制,从

---

① 参见陈瑞华:《刑事诉讼的前沿问题》,中国人民大学出版社2000年版,第334—335页;陈光中:《中国刑事强制措施的改革与完善》,载陈光中、〔德〕汉斯—约格、阿尔布莱希特:《中德强制措施国际研讨会论文集》,中国人民公安大学出版社2003年版,第5—6页;孙长永:《探索正当程序——比较刑事诉讼法专论》,中国法制出版社2005年版,第77—78页。

② 如左卫民、赵开年认为,检察机关是中国审前程序特别是侦查程序控制得相对最好的机关,可以通过以权威重树为核心,通过控权模式改造侦查监督制度,并赋予侦查监督机关刑事案件登记备案权、重大侦查措施批准权、侦查申诉调查制度以及违法侦查措施撤销权等。参见左卫民、赵开年:《侦查监督制度的考察与反思———一种基于实证的研究》,载《现代法学》2006年第5期。相关观点还可参见:徐美君:《侦查权的运行与控制》,法律出版社2009年版,第166—170页;黄海波:《侦查监督视野中的刑事拘留》,载《中国刑事法杂志》2007年第3期。

③ 如检察机关增加了对许多诉讼程序的监督,特别是增加了对指定居所监视居住、死刑复核程序以及特别程序的监督,弥补了检察监督在这些方面的空白,使检察监督的范围得到了进一步扩展。

④ 参见毛立新:《侦查法治研究》,中国人民大学出版社2008年5月版,第260—264页。

⑤ 如《世界人权宣言》第8条规定."任何人当宪法或法律所赋予他的基本权利遭受侵害时,有权由合格的国家法庭对这种侵害行为作有效的补救。"《公民权利和政治权利国际公约》第2条、第9条亦有类似规定。联合国1988年批准的《保护所有遭受任何形式拘留或监禁的人的原则》之"原则32"规定:"拘留如属非法,被拘留人或其律师应有权随时按照国内立法向司法或其他当局提起诉讼,对其拘留的合法性提出异议,以便使其获得立即释放。"1994年世界刑法学协会第十五届代表大会通过的《关于刑事诉讼中的人权问题的决议》第8条规定:"影响被告人基本权利的任何政府措施,包括警察所采取的措施,必须有法官授权,并且可受司法审查。"

而寻找推进侦查法治化的另一种途径。在近期目标选择上,笔者主张采取完善检察监督与完善公安机关内部监督制约并进方式,二者相互补充、相得益彰。①

1. 当下中国推行司法审查的条件和前提尚不完全具备

毋庸置疑,司法审查制度的引入,对于侦查权力的控制和人权的保障具有极其重要的价值。但是,正如有学者所言,司法令状有效运行的条件应该包括:有保障的司法独立、训练有素的侦查官员、检察官对警察的合理指导、健全的程序规则和证据规则。② 侦查法治的实现也还仰赖于司法独立、司法体制变革等诸多前提,更需要一定程度的经济发展水平、普遍的法律信仰、较为平稳的犯罪形势、相对较高的侦查能力水平等诸多条件。③ 而当下的中国,上述条件并不完全具备。

(1) 司法体制改革是一个循序渐进的过程。党的十五大确立了依法治国的基本方略,并首次在工作报告中提出大力"推进司法改革";党的十六大系统细化了"推进司法体制改革"的内容、目标及具体措施,并将其作为政治建设和政治体制改革的重要组成部分;党的十七大提出深化司法体制改革,并启动了一轮司法体制与司法工作机制的改革,将改革的重点放在加强权力监督制约,具体包括司法职权重新配置、规范司法行为、政法经费保障、落实宽严相济政策、政法队伍建设等内容④;党的十八大则提出进一步深化司法体制改革,坚持和完善中国特色社会主义司法制度,确保审判机关、检察机关依法独立公正行使审判权、检察权。在党的十八届四中全会通过的《中共中央关于全面推进依法治国若干重大问题的决定》(以下简称《决定》)中,从

---

① 鉴于本书主要研究侦查权的内部控制问题,所以未在文中具体提出完善检察监督的建议意见。

② 参见孙长永、高峰:《刑事侦查中的司法令状制度探析》,载《广东社会科学》2006年第2期。

③ 参见毛立新:《侦查法治研究》,中国人民公安大学出版社2008年版,第242—257页。

④ 《政治局通过司法改革报告 加强权力制约成重点》,载http://news.qq.com/a/20081209/000063.htm,最后访问时间:2015年6月3日。

全面推进依法治国的战略高度,提出"完善司法管理体制和司法权力运行机制"的改革要求,以完善确保依法独立公正行使审判权和检察权制度、优化司法职权配置、完善司法管辖体制、完善司法权力运行机制、加强对司法活动监督为重点的一系列改革措施,也正在抓紧推行之中。但是,司法体制改革是一个循序渐进的过程,不可能一蹴而就。《决定》的加强人权司法保障,"完善对限制人身自由司法措施和侦查手段的司法监督",也还需要具体推进的措施和方案才能加以落实。

(2) 侦查机关的各项硬件、软件保障条件尚未完全到位。从2008年开始,中央深入推进政法经费保障体制机制改革以来,"明确责任、分类负担、收支脱钩、全额保障"的公安经费保障体制正式确立,从根本上缓解了基层公安机关经费保障困难的问题。① 但是,侦查的科技化水平还有待提高。尽管一些基层公安机关不断力推侦查取证方式的改变,甚至将是否采用刑事技术作为对办案单位和侦查人员进行考核的重要指标(如C市公安局《关于刑事侦查办案责任制的暂行规定》专门规定,凡是重大、特大刑事案件,侦查人员从犯罪现场的采集痕迹取证率、痕迹特征利用率应达到一定的比例,利用刑事技术直接破案数、运用情报资料和信息协助破案数分别应占破案总数的一定比例),但是,面对新型犯罪的不断出现和《刑事诉讼法》的修订,现有的侦查技术仍然比较落后,侦查取证方式转变仍然进展艰难。特别是由于各地经济发展不平衡,公安机关的刑事技术水平也参差不齐。在一些经济不发达地区,基础现场勘查工作尚无法保障质量,科技取证工作落后。② 所以,在2014年全国刑事侦查工作视频会议上,公安部提出要全面实行"科学指挥、合成作战、科技支撑、情报导侦"的打击犯罪新机制。③ 此外,制度的建构对立法理想的实现固然重要,但却必须借

---

① 参见《中央深化公安经费保障体制改革化解基层难题》,载http://www.xxgaw.gov.cn/policemien/worldnews/2011-09-08/20365.htm,最后访问时间:2015年6月3日。

② 参见李娜:《公安机关实施新〈刑事诉讼法〉面临的问题与对策》,载《北京警察学院学报》2012年第6期。

③ 参见张洋:《全国刑事侦查工作视频会议召开》,载《人民日报》2014年12月24日,第2版。

助具体的能够体认该制度价值的司法人员,才能够发挥实际的社会效果。① 目前警力不足、人员素质偏低等问题仍然困扰着执法实践。尽管从 1978 年至 2007 年,我国公安民警文化程度由中学以下占主体(占总警力 72%),发展到大专以上占绝对主体(占总警力 85%);由全国公安系统无 1 名研究生,发展到博士 419 名、硕士 13 748 名②,但警种之间、地区之间分布不均衡的现象非常明显,且总警察数占人口数比为万分之 14.6,远低于西方国家万分之 25~50 的比例。③ 公安民警的执法素质和水平一直都是社会各界关注的焦点。近年来,公安机关在加强公安队伍正规化、专业化、职业化建设方面采取了不少措施,如健全教育培训体系,加强职业道德教育,完善职业准入、执法资格、分类管理、遴选交流制度等,全面提升了公安民警的职业素养和专业水平。但是,公安队伍的整体素质和战斗力还不能完全适应新形势的要求。2013 年公安部印发的《公安机关深化执法规范化建设工作任务和阶段目标》中,仍将执法能力建设作为今后 3—5 年需要重点强力推进的一大任务,以此提升民警依法履职能力。④

(3) 当下社会转型期的犯罪形势不容乐观。一些严重影响社会治安的犯罪依然处于高位运行态势,有些方面甚至有所加剧,一些社会不稳定因素尚未从根本上消解。⑤ 与此同时,社会管理控制机制依

---

① 参见叶青、皇甫长城:《一起简单刑事案件程序严重违法的学理解读》,载徐静村主编:《刑事诉讼前沿研究》(第四卷),中国检察出版社 2005 年版,第 178 页。
② 参见于呐洋:《公安队伍 30 年:热血铸警魂 奉献写忠诚》,载《法制日报》,转引自 http://www.chinapeace.org.cn/2008-11/30/content_60272_2.htm,最后访问时间:2015 年 5 月 3 日。
③ 参见吕绍忠等:《中外警察法治若干问题比较》,中国人民公安大学出版社 2009 年版,第 292—293 页。
④ 参见石杨:《〈公安机关深化执法规范化建设工作任务和阶段目标〉印发》,载 http://www.zgpaw.com.cn/zfdt/2013-11/21/c_125737444.htm,最后访问时间:2015 年 5 月 3 日。
⑤ 参见冀祥德:《犯罪形势现状与趋势分析》,载《中国刑事法杂志》2014 年第 3 期。

然薄弱,社会治理水平仍然较低①,便于查证犯罪的社会监管措施仍滞后于社会发展,如缺乏有效的流动人口户籍管理制度,严密的税收监管制度、财产申报制度,严密的金融监管制度、指纹登记制度,细致的犯罪前科记录制度和重点人口的管控制度等。② 而政府、民众对社会治安的预期值过高。侦查机关时刻面临来自政府、公民和舆论的压力,在压力逼迫之下,置法律于不顾,转而通过侵犯犯罪嫌疑人合法权益的方法提高侦查效率的现象时有出现,而这种侵权行为,通常会在一定程度上得到政府、公众和舆论的默许甚至暗示和纵容。③

(4) 由法院对侦查权加以审查和监督,在目前司法语境下是一种乌托邦。有学者认为,目前我国法院特别是基层法院普遍办案力量不足、经费紧张,法院客观上无力承担这一职能。最为关键的是,法院控制的效果不一定好。在解纷任务繁重、司法资源有限的条件约束下,法律的审查可能形式化或低效化,难以实现控制侦查的目的。④ 最高人民法院院长周强在近年来向全国人民代表大会所作的法院工作报告中均提出,随着人民法院办案数量持续快速增长,新类型案件大量增加,法官的办案压力越来越大,部分法院案多人少、人才流失问题突出。

应该说,侦查阶段确立司法审查制度已经远远不是一个程序技术问题。用苏力的话来说,它涉及一个"前提性社会条件的问题,一个社会的结构性转换的问题。因此是一个历时的过程,而不是一个概念、

---

① 与现代法治国家相比,我国的社会治理水平无论是在广度还是深度上都有较大差距。相应的,一方面,它使社会的证据客观化生成机制不足,造成了破案困难;另一方面,社会治理的不力,加大了刑事司法控制犯罪的压力。参见左卫民、周洪波:《从合法到非法·刑讯逼供的语境分析》,载《法学》2002 年第 8 期。

② 参见刘忠:《权力的形式与行使——以超期羁押案件中的司法人员为切入点的考察》,载陈瑞华主编:《未决羁押制度的实证研究》,北京大学出版社 2004 年版,第 107 页。

③ 参见郝洪奎:《侦查讯问改革与发展构想》,载樊崇义主编:《刑事审前程序的改革与展望》,中国人民公安大学出版社 2005 年版,第 271 页。

④ 参见左卫民、赵开年:《侦查监督制度的考察与反思——一种基于实证的研究》,载《现代法学》2006 年第 5 期。

一个命题、一次思想教育"。① 从宏观上看,当下中国刑事司法的现代性因素有限,整体的刑事诉讼结构仍没有出现根本性的转型,"中国现代法治的建立和形成最需要的也许是时间,因为任何制度、规则、习惯和惯例在社会生活中的形成和确立都需要时间……而时间是超出任何个人或一些人的能力的,是'上帝'的事业"。② 所以,学者们所主张的在侦查程序中引入司法令状主义或司法审查程序,在当下的中国,大多仍停留于理论探讨的阶段。尽管上述改革方案为我们描绘了一幅美丽的蓝图,但它仍然应是一个中远期方案。正是基于此,2012年《刑事诉讼法》确立的侦查程序构造,仍然是一种行政化/准诉讼化的程序构造。准诉讼化的程序构造是指检察机关有权对公安机关侦查活动的合法性进行监督。当犯罪嫌疑人及其法定代理人或者律师就公安机关的违法侦查活动提出申诉和控告时,检察机关应当监督,并在调查核实后提出纠正意见,从而发挥制约侦查权力、保障犯罪嫌疑人合法权利的功能,由此就形成了一种由侦查机关、犯罪嫌疑人以及作为监督者的检察机关共同参与的"准诉讼化的侦查程序构造"。③

2. 权力控制模式各有利弊,改革路径的选择可以具有多重性

德国比较法学家K.茨威格特与H.克茨在论及比较法研究方法论上的"功能对等原则"时认为,"每个社会的法律在实质上都面临同样的问题,但是各种不同的法律制度以极不相同的方法解决这些问题……因此,任何以比较法研究作为出发点的问题必须从纯粹功能的角度提出"。④ 就侦查权控制的制度设计而言,我国与其他国家都面临着如何实现制度本身合目的性的共同问题。但是同样,对于实现这种合目的性并没有一致的路径,更不可能通过简单移植法治国家成功的

---

① 苏力:《送法下乡:中国基层司法制度研究》,中国政法大学出版社2000年版,第131页。
② 苏力:《变法、法治及本土资源》,载《中外法学》1995年第5期。
③ 周长军:《语境与困境:侦查程序完善的未竟课题》,载《政法论坛》2012年第5期。
④ 〔德〕K.茨威格特、H.克茨:《比较法总论》,潘汉典等译,法律出版社2003年版,第46—47页。

制度模式来实现。因为,关于"制度再生产规律"与"法律的移植不可能性规律"早已证明了制度移植的不可能性。① 事实上,法治要求更多的是理念,而不是要求具体制度的一致。拿西方现行法治模式套用于中国现实,难免陷入法治浪漫主义的窠臼。而事实上,世上只有具体的法治,而无抽象的法治。一切法治都是历史中的法治,都是特定时空下的具体法治。②

如前述,在侦查权控制的三种方式中,各国的选择也是不尽相同的,很多法治国家更多的青睐司法审查方式,因为司法审查是经常性的、局外的、有严格程序保障的、具有传统权威性的监督③,但是,司法审查对侦查的控制程度和效果也有其局限性。同样,检察监督与控制也存在一定的限度。

在司法权控制侦查权方面,以司法令状制度为例说明如下:

(1) 实行司法令状可能制约侦查效率。并非所有的程序在任何时候都具有积极意义,它在一些情况下会表现出冗长、呆板和繁琐,出现办事迟延或"积案",可能会降低办案效率。书面申请是令状申请的传统方式,在此情况下,警察需要花时间准备书面申请材料,法官也需时间对申请材料进行审查。因此,令状的申请和签发过程对警察来说可能显得过于繁琐,而影响其申请令状的积极性。④ 正如英国内政部长、上议院大法官与总检察长在 2007 年提交议会的《司法改革报告》中所指出的,刑事侦查的目的是为了发现是否存在犯罪及谁犯了罪。如果我们要帮助警察最有效地利用他们的时间,就必须保证他们在工

---

① 关于"制度再生产规律"与"法律的移植不可能性规律"的详细讨论,可参见〔美〕安·塞德曼、罗伯特·塞德曼:《发展进程中的国家与法律——第三世界问题的解决与制度变革》,冯玉军、俞飞译,法律出版社 2007 年版,第 40—43 页,第 50—59 页。

② 参见郝铁川:《秩序与渐进——中国社会主义初级阶段依法治国研究报告》,法律出版社 2004 年版,第 4 页。转引自毛立新:《侦查法治研究》,中国人民公安大学出版社 2008 年 5 月版,第 242 页。

③ 参见王名扬:《美国行政法》,中国法制出版社 1995 年版,第 567 页。

④ 参见孙长永、高峰:《强制侦查的法律控制与司法审查》,载《现代法学》2005 年第 5 期。

作中必须遵守的法律不会带来过多的或不必要的负担。①也正如1983年加拿大司法部对Ontariodi地区进行抽样调查,发现27个入室搜查的案件中就有10个是无令状搜查,对此警察的解释是:申请令状太慢,不能满足紧急情况下搜查的需要。②

(2)法官审查过程也不能完全确保公正。除羁押候审以及延长羁押期限的裁判以外,负责签发令状的法官原则上也是依据侦查机关提供的证据材料进行书面审查,而非完全公平地听取控辩双方的意见(当然,法官认为,对侦查活动不会造成妨碍且为作出适当的判决所必要时,可以听取犯罪嫌疑人或者律师的意见),亦可能造成偏听偏信。

(3)司法审查范围有限。并非所有强制侦查行为都必须经过法官授权,也不是每一种强制侦查行为都受到法官的司法审查。虽然各国普遍通过法官的介入对官方的侦查行为尤其是强制侦查行为加以控制,但侦查程序并不总是存在一个中立的裁判者。有的国家(如加拿大)并没有把令状作为强制性命令在宪法中予以明确规定,使令状制度缺乏宪法的确认,并且制定法在不断地扩大无令状搜查的适用范围,致使令状制度的重要作用被严重削弱。美国联邦宪法第四条修正案字面上并没有将令状制度作为强制命令,联邦最高法院也并非始终如一地坚决贯彻令状原则。无令状搜查范围不断扩大,而令状数量逐渐减少。

对司法令状制度实际运行状况的考察发现,法官的控制程度或效果也较为有限,并非如理想中的完美:

(1)令状原则例外化。令状原则被虚置,无令状的强制处分成为普遍现象,在各国的实证考察中是共同问题。如在德国,就搜查令而

---

① 参见最高人民检察院法律政策研究室编译:《所有人的正义——英国司法改革报告》,中国检察出版社2003年版,第49页。

② Police Powers—Search and Seizure in Criminal Law Enforcement, Working Paper30, Minister of Supply and Services Canada,1983,p82-83. 转引自刘国庆:《实践反对——对〈比较刑事诉讼法〉中部分观点的质疑》,载《西部法学评论》2011年第1期。

言,大约只有10%的搜查具有司法令状。而大多数的强制处分是以"紧急情况"为由,没有获取令状而实施的。而在日本,根据1990年日本最高法院的《司法统计年报》,当年所有的逮捕案件中,事前获取令状的逮捕只占47%,而53%的属于无令状逮捕。在英国,《1984年警察与刑事证据法》通过大幅度扩张警察即时逮捕的权力,实际上已经排除了有证逮捕在检查调查阶段的运用。① 在一份对两个警察机构的调查报告中发现,警察依据有证搜查规定进行的搜查,实际上很少使用。一项对860次的场所搜查的调查中发现,只有12%的警察搜查是根据有证搜查进行的,87%的搜查都是根据逮捕后的相关权力实施的。而且,有人认为,法官在发布令状搜查的时候,并没有对物品提供充分的保护。②

（2）法官审查的形式化,法官成为侦查官的"橡皮图章"。在令状主义流行的英美国家,签发令状的法官通常是未经严格法律训练的治安法官,其他国家的令状法官也多是司法经验较少的年轻法官。他们对令状申请材料的审查远远没有职业法官对刑事案件的正式审判那样专注,也没有高水平的法律素养。正因为如此,令状法官很少拒绝侦查机关的令状申请。③ 在德国,羁押令状成为形式上的要求,尤其是在经济犯罪、恐怖主义或有组织犯罪中,批准羁押的法官仅仅充当"公证人"的角色。因此,即便是有令状授权的强制措施,同样存在脱离司法控制的现象。加拿大于1983年组织司法专家在7个城市就令状的实施状况作过调查,发现在他们所抽查的所有令状中,39.4%是合法签发的,58.9%是非法签发的,还有1.7%的令状是由于记载不完整、

---

① 参见吴宏耀:《英国逮捕制度的新发展》,载《国家检察官学院学报》2001年第2期。
② Smith,Bailey and Gunn on The Modern English Legal System,Fouth Edition,London:Sweet&Maxwell,2002,p811。
③ 参见毛立新:《侦查法治研究》,中国人民公安大学出版社2008年5月版,第279—280页。

模糊,难以下结论的。① 而在德国司法实践中,由于司法部门面临的案件负担和压力,在面对经济性犯罪的大型案件、恐怖主义或者有组织犯罪中,超乎可能性的核查是不可行的。由于法官的案前通常摆放着备好的案卷资料,尽管是大堆的资料,它的作用不大,改变不了什么。在这些案件中,批准羁押的法官仅仅充当了"公证人"的角色。② 在日本,当检察官要求拘禁犯罪嫌疑人时,通常都会获得法官的同意,支持率高达99.8%。③ 根据1990年的统计,普通逮捕的请求件数为96 761件(100%),发放逮捕证的96 472件(占99.7%以上);撤回的239件(占0.2%以上);驳回的只有50件(占不到0.1%)。④

当然,令状主义在西方国家司法实践中出现的问题,并不意味着该制度的可有可无,只是说明司法令状主义在西方国家的具体运用中也并非尽善尽美,存在一些问题需要改善,而并非像部分学者所想象的那样完美无缺。

在检察监督方面,我国既存在制度规定层面的缺失,也有实践运行中的不力,导致侦查监督效果不尽如人意。2012年《刑事诉讼法》在1996年《刑事诉讼法》基础上,强化了侦查监督的职能,如扩展了监督的范围、细化了监督的程序,赋予检察机关对羁押必要性、非法取证、违法采取强制措施等开展诉讼监督的职权,在一定程度上强化了检察监督的效力,但是依然存在着对侦查监督不力的问题,如缺乏对

---

① Police Powers-Search and Seizure in Criminal Law Enforcement, Working Paper 30, Minister of Supply and Services Canada, 1983. p82-83. 转引自刘国庆:《实践反对——对〈比较刑事诉讼法〉中部分观点的质疑》,载《西部法学评论》2011年第1期。

② 参见[德]汉斯·乌尔里西·帕芬根:《审前羁押法》,载陈光中、[德]汉斯—约格·阿尔布莱希特主编:《中德强制措施国际研讨会论文集》,中国人民公安大学出版社2003年版,第150页。

③ Daijir Yasuda, One Aspect of Criminal Justice in Japan: Confession [EB/OL], http://www. google. cn/search? hl = zh-CN&q = One + Aspect + of + Criminal + Justicein + Japan% 3 AConfession&btnG = Google + % E6% 90% 9C% E7% B4% A2&meta = &aq = f&oq, 2009-12-20日访问。转引自刘国庆:《实践反对——对〈比较刑事诉讼法〉中部分观点的质疑》,载《西部法学评论》2011年第1期。

④ 参见[日]西原春夫:《日本刑事法的形成与特色》,李海东等译,中国法律出版社、日本成文堂1997年版,第313页。

强制措施和强制侦查手段的监督与审查:对指定居所监视居住的决定和执行是否合法实行监督规定得过于原则,缺乏可操作性;对拒绝执行监督决定的行为缺乏刚性的强制权和制裁机制,多为事后监督而缺乏事前、事中监督等。① 在实践中,侦查监督的适用以及适用程序等方面还存在不规范现象,需要不断建立健全相关工作机制予以规制。

在立案监督方面,2010 年,全国检察机关对立案监督提出书面纠正意见 44 141 件次,其中有 2 235 件次未得到公安机关的纠正。最极端的情况是,一个地方检察机关对公安机关应当立案而不立案 18 次发出通知,但公安机关拒不理睬。② 同时,检察机关推行的检察引导侦查、提前介入等改革措施,因为立法的原则化、配套司法解释的缺失,以及司法实践操作的不规范,面临着对机制使命的迷茫、介入必要性把握的争议和实践操作的混乱。为此,2014 年 7 月,中国检察学研究会刑事诉讼监督专业委员会第五届主题研讨会,专门就羁押必要性如何审查、提前介入侦查机制有无检讨必要问题等进行了研讨。③ 此外,侦查监督部门也面临着人员少、案件多、任务重的矛盾和困难,目前全国检察机关侦查监督人员仅占全部检察人员 7.26%,有些基层检察院侦监部门人均年办案量超过 300 件,直接影响到侦查监督的效果。④

3. 侦查机关内部的层级——分权管理体制可以发挥一定程度的控权功能

从另一个视角分析,只要侦查机关内部权力配置得当,由警察自身来履行对侦查权的内部控制职能也并非一无是处。尽管从理论上讲,侦查行为的决定权和实施权集于一身,无异于使侦查机关既当裁判员又当运动员,难以保证权力行使的正当性。多数学者正是从此意

---

① 参见宋维彬:《新刑事诉讼法实施中的检察监督》,载《国家检察官学院学报》2013 年第 1 期。
② 同上注。
③ 参见金圆圆:《强化诉讼程序机制建设,促进侦查监督规范发展——第五届刑事诉讼监督主题研讨会观点述要》,载《人民检察》2014 年第 17 期。
④ 参见万春:《侦查监督工作贯彻新刑诉法若干问题》,载《国家检察官学院学报》2013 年第 1 期。

义上排斥内部控制的作用与功效①,但是,由于现代法治国家警察系统内警种繁多、职责明晰,以金字塔式的权力等级为其基本结构,以按规定办事为部门和个人的行动准则,在这种官僚制的行政组织体系中,各部门之间可能因为明确的职责分工而形成制约关系,又因严格的规章制度及考核奖惩等机制,使这种制约关系得以正常运行。对于科层(官僚)制,尽管马克斯·韦伯进行了具有较多悲剧色彩的评论,但也存在着其他观点。比如,美国法学家欧文·费斯就主张,"问题不在于我们是否可以完全消除官僚制度,而是我们能否控制病态的官僚制度……官僚制度是必然的并且可能是值得推崇的。② 在我国,公安机关采取自上而下的集中式侦查体制,即各级公安机关上令下从,全国各级公安机关都统一归口公安部领导和指挥,形成了统一高效的行政管理体制,并通过这种组织形式,使公安机关的内部监督能够发挥效能。③

此外,考察国外实践,亦有类似的内部控制模式,并可以归纳为以下两种主要类型④:

(1)在侦查主体内部将侦查权分解为申请权、审查批准权和执行权。如在德国,通过电子监视手段实行行政授权,无须司法授权。英国的秘密监控,对通讯数据的截获需警长一级的官员批准,直接监控仅需警长一级的官员批准;对财产干预的监控,则需要警察局局长一级的高级官员批准授权。⑤

---

① 如陈瑞华认为,侦查机构负责人属于侦查活动的领导者与指挥者,与案件侦查活动及其结果存在着直接的利害关系,而且侦查机关往往是作为一个整体开展侦查活动的,因此,侦查机关的内部制约对于保证侦查活动的合法性不具有积极有效的作用。参见陈瑞华:《刑事诉讼的前沿问题》,中国人民大学出版社2000年版,第336页。
② 参见〔美〕欧文·费斯:《如法所能》,师帅译,中国政法大学出版社2008年版,第110页、第93页。
③ 参见周欣:《侦查权配置问题研究》,中国人民公安大学出版社2010年版,第238页。
④ 同上书,第153—155页。
⑤ 参见程雷:《秘密侦查比较研究》,中国人民公安大学出版社2008年版,第509页。

（2）在侦查机关内部将侦查权进行分解，由不同警种或者不同侦查阶段的人员行使。如英国设立的"拘留警察"制度，由上级警察承担对警察权力的监督和犯罪嫌疑人权利的保障。其产生也是基于程序公正、公开的要求。为制约警察权的行使，任命一名级别较高的、独立于该案侦查的拘留警察来负责被拘留者的权利与福利，并对是否拘留、拘留期限延长、案件处理等事项进行审查决定。在维护犯罪嫌疑人利益的意义上，拘留警察扮演了拘留的独立看门人、被拘留者权利的保护人以及被拘留者处遇和福利的监督人等角色。① 在法国，警察拘留可分为初步拘留和后续拘留。法国立法将初步拘留的决定权力交给司法警察警官，将后续拘留的决定权赋予共和国检察官和法官。而在初步拘留中，有权作出拘留决定的是司法警察体系中级别较高的司法警察警官，不是司法警察警员和助理司法警察警员。② 这一赋权机制的理由，很可能是通过限制司法警察警官和助理司法警察警员行使权力的范围，使警察拘留这种对公民自由影响较大的权力能够得到较为谨慎的使用。③

国内学者戴昕在评论学界对程序正义与实质正义关系的认识时

---

① 参见〔英〕麦高伟·威尔逊主编：《英国刑事诉讼程序》，法律出版社2002年版，第74页。

② 在法国，按照担任职能的不同，警察系统有行政警察和司法警察之分。行政警察的职责是预防犯罪，以及在社会秩序受到扰乱时，通过其权力范围内的手段部分恢复了被扰乱的秩序。而当已确定发生了犯罪，需要查明犯罪人时，此一职能不再属于预防犯罪性质，而属于制裁性质，由司法警察承担。在司法警察体系中，依职权大小的差异，可分为司法警察警官、司法警察警员和助理司法警察警员。他们的主要区别：一是级别关系，司法警察警官位居上级，其他两种警察受其监视和监督；二是只有司法警察警官有权决定拘留措施和直接动员公共力量，其他两种警察只能协助其履行职务。基于这种关系，司法警察在实施侦查行为的过程中形成了科层制的管理模式。参见〔法〕卡斯东·斯特法尼等：《法国刑事诉讼法精义》（上），罗结珍译，中国政法大学出版社1998年版，第304—321页。

③ 就决定程序而言，无论是在现行犯罪侦查还是非现行犯罪的初步侦查中，《法国刑事诉讼法典》规定，在符合拘留条件时，司法警察警官有权决定由司法警察警员或助理司法警察警员对相关人员予以看管，以听从处置；同时，应立即将此情况通报共和国检察官。当然，向检察官通报拘留情况的要求，并不是提供一种事后的审查机制，而是方便检察官行使侦查指挥权及司法监督权的需要。

谈及:"中国学者在这点上的论证通常失于简略,几乎总以'程序上的不正义必然为文明社会所不能容忍'这样激情昂扬却难以经受细致推敲的断语取消了进一步讨论的可能。"①所以,不能仅仅因为我国侦查权控制出现的问题,就对我国现行侦查权控制制度的现实性和合理性持全盘否定态度,而应当以更为理性、现实的态度来推进我国的侦查法治建设。

4. 当下我国以案件审核制度为重点的侦查权内部控制制度本身也在不断变革与完善之中

随着社会转型以及公民个体层面上主体意识的觉醒与权利意识的勃兴,国家法理性治理结构正逐步确立,整个社会进入了法制(治)的进程。正是在这一特定的时代背景下,改革的实践如火如荼,改革的理论也异彩纷呈。实践中,案件审核制度也并非处于一种静止的状态,本身也在朝着理性化、法治化的方向不断变革与调整。1991年,公安部召开部分省、市公安机关座谈会,提出要把执法监督延伸到公安机关内部,贯穿于公安执法各个环节,在公安机关内部纠正执法过程出现的偏差。此举揭开了公安机关内部执法监督体系建立的序幕。②1999年,公安部颁布《公安机关内部执法监督工作规定》,要求各级公安机关应对实施侦查措施、刑事强制措施等是否合法和适当进行监督,并决定对需要专门监督的案件进行审核。2006年12月公布实施的《公安机关法制部门工作规范》,将案件审核权力赋予公安机关内部的法制部门。具体而言,法制部门"依照规定对有关案件进行法律审核……公安机关应当根据本地执法实际和保证执法质量的需要,确定公安法制部门的案件审核范围"。

虽然公安部一级并没有强行规定包括刑事拘留、提请逮捕在内的强制措施的多级审批程序,但不少地区公安机关按照上述精神制定了

---

① 参见戴昕:《冤案的认知维度和话语困境》,载苏力主编:《法律与社会科学》(第一辑),法律出版社2006年版,第124—125页。
② 参见《公安法制建设30年——迈向法制与公正——专访公安部法制局柯良栋》,载2008年12月28日《法制日报》第7版。

具体的程序规定并予以实施。如在 E 省,根据 E 省公安厅法制部门官员的介绍,在案件审核规则实施后,省内各级公安机关基本遵循了"四级审核、法制把关"的程序。根据相关报道,广东、湖北、内蒙古、河北、江苏、黑龙江等省的一些公安机关也采用了与 E 省公安机关类似的案件审核制度。以专门的业务部门审核环节为中心建立起来的多级化案件审核程序,逐步成为一种较为普遍的做法。

  近年来,公安部力度空前地推行执法规范化建设,建立健全科学、合理、权威的案件审核制度被作为其中的重要内容。2012 年公安部《关于进一步加强公安法制队伍履职能力建设的意见》,要求各级公安机关要结合本地执法实际,进一步健全落实案件审核制度。对重大、敏感案件,法制部门要从受(立)案开始,加强对案件"入口""出口"等重点环节的法律审核,及时发现和纠正执法问题,确保案件事实清楚、证据确实充分、办案程序合法、法律适用正确。① 2013 年《公安部关于进一步加强和改进刑事执法办案工作,切实防止发生冤假错案的通知》重申,各级公安机关领导、办案部门负责人、法制部门以及专兼职法制员要认真履行案件审核审批职责,切实加强对刑事案件的日常审核把关,重点把好事实关、证据关、程序关和法律关。《公安机关深化执法规范化建设工作任务和阶段目标》规定,法制部门对案件定性处理和程序进行全面审核,案件没有经过法律审核的,不得审批。② 所以,抛开价值论立场,可以认为,我国侦查实践中已初步形成了具有一定效果的侦查权力内部控制机制。可以预见,随着执法规范化建设的深入推进,以案件审核制度为重点的侦查权内部控制制度和体系会进一步完善并发挥重要作用。

  达玛什卡曾指出:"在折服于一项外国规范的魅力之前,改革者们

---

  ① 参见《公安部要求进一步加强公安法制队伍履职能力建设》,载 http://www.news.xinhuanet.com/legal/2012-09/02/c_123707915.htm,最后访问时间:2014 年 7 月 15 日。
  ② 《〈公安机关深化执法规范化建设工作任务和阶段目标〉的通知》印发,载 http://www.zgpaw.com.cn/zfdt/2013-11/21/C_125737444.htm,最后访问时间:2014 年 7 月 15 日。

首先应当认真思考这项规范与本国的整个规则系统之间形成良性互动关系的可能性……改革的成败主要取决于新规则与某一特定国家的司法管理模式所根植于其中的文化和制度背景的兼容性。"他形象地比喻，策划一场程序改革就像策划一场音乐会。法律规则就好像是一个个音符，尽管它们当中的每一个都可能具有内在的艺术价值，但这并不能保证一场音乐会的成功。完备的乐器、娴熟的演奏者以及音乐类型对听众的吸引力，也是同等重要的必备条件。①因此，在追求侦查权控制的司法模式并努力实现司法控制模式所必备的条件和前提的同时，笔者认为，当下可以以案件审核制度为重点，完善现行的侦查权内部控制模式，以部分解决侦查恣意的问题，借用苏力的用语，也就是利用侦查实践中已有的"本土资源"。如果对这一路径继续采取完全排斥的态度，在理想的控权模式尚未建立的情况下，侦查法治化的目标就只能是雾里看花。承认并完善以案件审核制度为重点的侦查权内部控制机制，是以理性、现实的态度来推进侦查法治化进程的另一条途径。

二、完善措施

法治的理想必须落实到具体的制度和技术层面。没有具体的制度和技术保障，任何伟大的理想都不仅不可能实现，而且可能出现重大的失误。② 而根据诺斯的"路径依赖"理论，制度选择是非常重要的，某项路径一旦被选择，也就成为人们的知识或信念的一部分，制度的发展因而就会有自身运动的惯性，从而可能强化一种不好的制度选择，构成所谓的锁定效应。③

---

① 参见〔美〕米尔伊安·R.达玛什卡:《司法和国家权力的多种面孔——比较视野中的法律程序》，郑戈译，中国政法大学出版社2004年版，"致中国读者的引言"第2页。
② 参见苏力:《送法下乡——中国基层司法制度研究》，中国政法大学出版社2000年版，第2页。
③ 参见苏力:《法治及其本土资源》，中国政法大学出版社1996年版，第20页。

从制度完善角度,现行的案件审核制度并非没有问题,特别是在侦查权力控制力度方面还比较有限(这在第六章中已经进行了深入分析)。笔者认为,以侦查程序的法治化为目标,可以通过完善现行审核制度以强化对侦查权力的内部控制。具体路径包括:

(一) 统一案件审核制度

一种经验如果不能升华为制度成果,除了它的不稳定外,还很容易受到人们的诟病。这意味着,及时对司法中总结出来的一些经验,通过特殊的程序机制把它纳入制度的范畴,使它从一种实质合理的追求,进入到制度的形式合理的构架中,从而发挥更大的作用,是国家必须关注的问题,是未来制度完善理应关注的问题。当下案件审核制度非理性化、非正当化的一个重要原因在于制度的缺失。尽管如前述,案件审核已经成为内部权力控制的一项重要制度加以规定,但是基于公安机关内部各种动机的调整,在同一程序构造背景下,当下案件审核制度的运作在全国范围内仍然千差万别,带有地方化色彩。因此,亟待建立全国统一的案件审核制度。

1. 提升案件审核规范的效力等级

目前关于案件审核内容的规定中,最高级别效力为公安部部门规章,更多的则是规范性文件,制度的效力等级不高,执行力不强,且规定较为分散,散见于《公安机关内部执法监督工作规定》(公安部第40号令)和《公安机关法制部门工作规范》《公安部关于加强公安法制工作的决定》《公安部关于大力加强公安机关执法规范化建设的指导意见》《公安部关于进一步加强公安法制队伍履职能力建设的意见》等规范性文件中,并无集中的、专门的关于案件审核制度规定。因此,制定单独的、全国统一的案件审核制度规定迫在眉睫。

2. 增强规定的规范性和可操作性

立法中的"宜粗不宜细"的立法技术和观念,同样影响着案件审核规范的制定。由于目前有关案件审核规定的不明确、不具体,导致案件审核规范缺乏可操作性和可执行性。如规定大多较为原则,且相关内容阙如,造成非理性因素影响案件审核的效果。

(二) 扩大案件审核范围

尽管实践中法制部门案件审核的范围在不断扩大,《公安部关于进一步加强公安法制队伍履职能力建设的意见》中也要求法制部门要从受(立)案开始,加强对案件"入口""出口"等重点环节的法律审核,但是对于涉及公民权利保护的重要环节,目前的案件审核制度尚未全部纳入审核范围。在审核范围的制度设计中,除刑事强制措施和一些重要侦查环节外,应将搜查、扣押等与公民财产权利密切相关的侦查措施一并纳入。

现代法治国家将刑事强制措施分为人身保全措施和财产保全措施,前者目的在于保全被追诉人的人身,后者则在于收集、保全与刑事诉讼相关的证据。基于搜查、扣押等对公民人身权、财产权、隐私权等的影响,如何对其进行有效的规制历来是各国关注的问题。在现代法治国家,扣押、搜查等措施的实施大都受法律保留原则和比例原则的拘束,其实体和程序亦受到严格的规制。

与法治国家相比,我国的搜查、扣押等措施则立法粗疏、实践任意、理论单薄。[①] 我国刑事诉讼立法仅将人身保全的措施规定为刑事强制措施,而未将包括扣押在内的证据保全措施纳入,且扣押通常依附于搜查、检查等程序,立法本身对搜查等的规定较为粗疏,无形中也降低了经常依附于上述程序的扣押程序。而且,《刑事诉讼法》及相关司法解释均将扣押的启动理由判断认定为"侦查人员认为"有必要或有需要;将扣押的搜查标准确定为"为了收集犯罪证据,查获犯罪嫌疑人",因此,扣押也可以依附于搜查而无须任何启动理由,只要是"根据侦查犯罪的需要"即可。正是由于对扣押性质的立法和认识上的褊狭,造成实践中的困境和任性。访谈中,甚至法制大队审核人员也对

---

① 参见左卫民:《被规避与替代了的搜查程序》,载左卫民等:《中国刑事诉讼运行机制实证研究》,法律出版社 2007 年版,第 65—66 页。

是否应将扣押等措施纳入审核范围有不同认识,有的认为扣押是侦查措施,为提高侦查效率,通常情况下,根据侦查需要由办案部门自行决定即可,而忽视了扣押等对物的强制措施可能给公民财产权利带来的损害。

尽管目前部分地方已将数额较大的扣押纳入法制部门的审核范围,但更多的对扣押权的监督只能采取事后审核的方式,即在审核案卷材料中发现先前扣押中存在执法问题的,予以通报,按照考评标准进行扣分。而事后监督对扣押的发动不能起到有效的监督制约作用,显然缺乏权力制衡的法治内涵,也导致实践中对搜查、扣押措施运用的广泛性、随意性,缺乏必要的监督和制约。

鉴于搜查及与之紧密相连的扣押行为直接涉及对公民人身和财产权益的限制和剥夺,因此,应扩大专业审核部门——法制部门的审核范围,将扣押等侦查措施的采取亦纳入法制部门的审核范围。实践中,亦有法制部门对扣押进行审核的实例。如左卫民教授带领的"我国刑事诉讼运行机制实证研究课题组",2005年在对E省N市N县公安局的调研中发现,法制大队对搜查要进行审查,特别是当搜查对象为第三人时,控制相对严格。根据侦查人员提供的案卷材料,对该第三人处藏匿有犯罪证据或者犯罪嫌疑人必须达到80%的内心确信时,才会同意批准搜查。①

(三)强化法制部门的核心审核权

内部执法监督究其本质是监督权对执法权力的制约,如果没有相当的权力,监督就会缺乏必要的权威性和强制性,更无从谈及约束力。控权主体要充分发挥作用,首先应保证控权主体能及时得到被采取措施人员的有关信息(包括个人情况及案件情况),还应赋予控权主体对被控权主体提出批评建议甚至直接惩罚的权力。如前述,在案件审核

---

① 参见左卫民:《被规避与替代了的搜查程序》,载左卫民等:《中国刑事诉讼运行机制实证研究》,法律出版社2007年版,第78页。

的层级中,起着关键作用、发挥核心控制功能的主要是专业审核部门——法制部门的审核,法制部门行使着实质审核权,而公安机关负责人仅仅行使着形式审核权。因此,应进一步完善审核权力的配置体制,强化专业审核部门的审核权,建立起以法制部门审核为中心环节的案件审核制度,并应从以下方面完善强化:

1. 强化审核主体的权威性

(1)权力保障。目前法制审核部门在案件审核中的权力保障尚不充足,法制部门的权力主要包括检查权、调查权、纠正违法和处理建议权,而没有刚性的人事处分权和经济处分权,因此,从总体上看,对违法的办案单位和个人威慑作用不大,监督工作缺少力度,应赋予审核主体更为刚性的权力保障。在审核程序设计上,经法制部门领导审核后签署不同意见的,法制部门具有直接否决权,可以直接退回办案单位。

(2)地位提升。长期以来,法制部门级别不高,如在县级公安机关,刑侦、经侦等侦查办案部门的领导级别都高于法制部门的负责人,不利于监督职能的发挥。所以,为更好发挥法制部门作用,公安部《关于进一步加强公安法制队伍履职能力建设的意见》中,要求统一法制机构名称,规范人员职务称谓,推进地方公安机关法制部门队建制改革,配齐配强法制工作力量。为了加强法制队伍辅助决策能力建设,公安机关还强力推行法制部门负责人列席公安厅局党委会、办公会制度和法制部门负责人进入党委班子制度,以解决普遍存在的"小马拉大车"的问题。[①]但从全国来看,上述制度落实仍有差距。如C市局20个县市区中,仅有两名法制大队长进入分局党委班子,任党委委员。

2. 突出审核主体的中立性

当下公安机关对法制部门的管理体制与法制部门承担的职责任务尚不能完全适应,按照法制部门承担案件审核把关、监督各部门执

---

① 参见《公安法制部门"积弱"局面有望改变》,载 http://www.zgpaw.com.cn/zfdt/2012-09/13/c_123711230.htm,最后访问时间:2015年6月3日。

法的重要职责,专业性和独立性较强。目前县级公安机关对法制部门尽管实行队建制管理,但是其工作经费、交通工具等统一由局里(办公室)掌握,特别是不少分管法制工作的领导同时分管刑侦、经侦等侦查部门的工作,此外,对法制部门的考核缺乏独立性,受领导意志影响大,这种管理模式无疑束缚了工作的开展。因此,在法制部门规格设置上,可仿效警务督察部门,由局领导兼任法制部门负责人,法制部门也应由公安机关主要领导直接分管,从而使法制部门更为超脱和独立。

3. 突出审核主体的专门性

尽管公安部规定了法制部门的工作职责,对法制部门进行了定位,并且在《公安部关于县级公安机关机构设置的指导意见》中,将法制部门作为县级公安机关的必设机构之一,但各地法制部门承担的职责、开展的业务也各不相同。因此,应通过进一步明确法制部门的职能定位,形成部门办案、法制审核、领导审批的相互配合、制约、监督的公安执法机制。这种机制不仅对办案部门和民警是一种监督,对局领导也会起到限制作用。

4. 打造专业化法制人才队伍

尽管截至 2007 年底,全国县级以上公安机关普遍设立了法制机构,全国省、地、县三级从事公安法制工作的专职民警有 2.2 万多人[①],但是与承担的审核任务相比,法制队伍人员数量和质量显然不适应要求,也可能因为人员、素质等因素而导致审核流于形式。如 E 省,全省公安专职法制民警近 1 000 人,约占全省总警力的 2%,其中具有大专学历的占约 60%,本科学历占 22%,研究生学历占约 2%。在当下,公安法制建设还任重道远,民警的文化知识和法律水平还远不能适应工作需要,全警法制化还只能是一种理想,短期内难以实现。在此背景下,通过加强法制部门的自我塑造、法制专业化队伍的打造(包括完善

---

① 参见于呐洋:《公安法制建设30年——迈向法制与公正——专访公安部法制局柯良栋》,载《法制日报》2008年12月28日,第7版。

品格、把握新知、提升能力)等来推动包括侦查法治化在内的公安机关法治化进程应该是一条可行的路径。

为打造一支实战型、学习型、专家型公安法制队伍,公安部也提出了逐步推行和建立法制民警准入制度、法制民警任职和交流制度以及科学实施法制民警考评等。这正如鲍曼在反思现代性下公民与社会关系时所指出的那样:"我们不能确保会建立这样的共同体,但唯一能确信的是建造者自身的无限努力,这样的努力也许会有助于我们意识到,自主的、道德上的自我维系和自我管理的公民与成熟的自我、自我反思和自我矫正的政治共同体之间存在亲密关系。这样才能达成人类团结,而没有他这是不可想象的。"①

(四) 改革完善审核程序、审核方式和审核责任

如前述,从侦查权的控制角度衡量,现行审核程序、审核方式和审核责任机制上,均存在问题和不足,应加以改革完善。

1. 审核程序方面

在案件受理、分配环节,引入中立人员受理、分配案件制度和案件审核回避制度。中立人员可由法制部门的内勤担任。各级公安法制部门均设有专门的工作人员——内勤,内勤主要负责相关法律文书的送达、科室文件材料的整理与保管、各类统计报表的录入与管理等工作,一般不负责具体案件的审核,地位相对超脱。在案件受理、分配环节,各办案单位送交审核部门的案件,可由内勤登记。内勤登记后,按照本处民警的岗位职责和平衡工作量的原则,及时将案件分配给审核民警,审核民警认为需要回避的,向分配人员提出,以实现审核高效公正地运作。②

---

① 转引自郭台辉:《齐格蒙特·鲍曼思想中的个体与政治》,上海人民出版社2007年版,第80页。

② 事实上,已有法制部门内勤承担案件受理、分配职能的实践,如 E 省的 YB 市、MY 市都由内情负责并建立案件受理、分配登记簿。

2. 审核方式方面

不管是在实务中,还是在制度文本的规定中,当前案件审核主要采取书面审核阅卷的方式。以正当性标准检视,上述阅卷方式下的审核制度的权力控制功能仍然存在不足,如单纯依靠阅卷,无法全面掌握犯罪嫌疑人与案件本身的具体情况。以刑事拘留和提请逮捕审核为例,可能导致不能完全准确判断是否有刑事拘留和逮捕必要,进而可能形成对犯罪嫌疑人权利的不当侵害。此外,阅卷只是就案卷反映的材料进行审核,而无法对材料的收集、证据获取的方式进行甄别。尽管法制审核人员甚至检察官都认为,出于案件压力的原因,办案人员一般都不会专门修饰侦查案卷,案卷中的证据材料(包括证据获取方式的材料)一般都是原始的,但不排除侦查取证中可能出现的违法行为,仅仅采取阅卷方式审核案卷是无法完全发现的。因此,以书面方式为主、适度调查(讯问犯罪嫌疑人、询问有关人员)为辅的方式应成为一种普适模式。对于集体审核方式,则应更加突出专业审核部门——法制部门的主体地位,以避免决策的行政化。

3. 在审核责任机制方面

上文的分析揭示,在当下的司法语境下,通过推行错案责任追究和目标考核,可以保证制度目标的实现,但在考核指标的设计上需要进一步完善,如对审核部门的考核,应加大侦查控制的考核力度,明确提出有关保障犯罪嫌疑人的考核指标,并去除有关打击处理率的考核,使审核人员在审核中更加注重侦查控制和权利保障,以部分解决侦查权力的行使完全取决于侦查机关的内部审批和系统自律,表现出高度的封闭性和自由裁量色彩的问题。

参考文献

一、著作类

1. 陈光中主编:《21世纪域外刑事诉讼立法最新发展》,中国政法大学出版社2005年版。
2. 陈光中主编:《刑事诉讼法实施问题研究》,中国法制出版社2000年版。
3. 陈光中、〔德〕汉斯—约格、阿尔布莱希特主编:《中德强制措施国际研讨会论文集》,中国人民公安大学出版社2003年版。
4. 陈光中主编:《中华人民共和国刑事诉讼法再修改专家建议稿与论证》,中国法制出版社2006年版。
5. 陈光中主编:《〈中华人民共和国刑事诉讼法〉修改条文释义与点评》,人民法院出版社2012年版。
6. 陈光中主编:《刑事诉讼法》,北京大学出版社2002年版。
7. 陈瑞华:《刑事诉讼的前沿问题》,中国人民大学出版社2000年版。
8. 陈瑞华:《问题与主义之间——刑事诉讼基本问题研究》,中国人民大学出版社2003年版。
9. 陈瑞华:《程序性制裁理论》,中国法制出版社2005年版。
10. 陈瑞华:《刑事诉讼的中国模式》,法律出版社2008年版。
11. 左卫民、周长军:《刑事诉讼的理念》,法律出版社1999年版。
12. 左卫民:《价值与结构——刑事程序的双重分析》,法律出版社2003年版。

13. 左卫民:《刑事诉讼的中国图景》,生活·读书·新知三联书店 2010 年版。

14. 左卫民等:《中国刑事诉讼运行机制实证研究》,法律出版社 2007 年版。

15. 左卫民等:《中国刑事诉讼运行机制实证研究(二)——以审前程序为重心》,法律出版社 2009 年版。

16. 苏力:《送法下乡——中国基层司法制度研究》,中国政法大学出版社 2002 年版。

17. 苏力:《法治及其本土资源》,中国政法大学出版社 1996 年版。

18. 苏力主编:《法律与社会科学》(第一辑),法律出版社 2006 年版。

19. 苏力:《制度是如何形成的》,北京大学出版社 2007 年版。

20. 樊崇义主编:《刑事诉讼法实施问题与对策研究》,中国人民公安大学出版社 2002 年版。

21. 樊崇义:《迈向理性刑事诉讼法学》,中国人民公安大学出版社 2006 年版。

22. 樊崇义主编:《刑事审前程序的改革与展望》,中国人民公安大学出版社 2005 年版。

23. 徐静村:《中国刑事诉讼法(第二修正案)学者拟制稿及立法理由》,法律出版社 2005 年版。

24. 徐静村主编:《刑事诉讼前沿研究》(第四卷),中国检察出版社 2005 年版。

25. 陈卫东主编:《羁押制度与人权保障》,中国检察出版社 2005 年版。

26. 陈卫东主编:《模范刑事诉讼法典》,中国人民大学出版社 2005 年版。

27. 孙长永:《侦查程序与人权——比较法考察》,中国方正出版社 2000 年版。

28. 孙长永主编:《侦查程序与人权保障——中国侦查程序的改革与完善》,中国法制出版社 2009 年版。

29. 孙长永:《探索正当程序——比较刑事诉讼法专论》,中国法制出版社 2005 年版。

30. 宋英辉主编:《刑事诉讼原理》,法律出版社 2003 年版。

31. 龙宗智:《徘徊于传统与现代之间——中国刑事诉讼法再修改研究》,

法律出版社 2005 年版。

32. 崔敏：《中国刑事诉讼法的新发展——刑事诉讼法修改研讨的全面回顾》，中国人民公安大学出版社 1996 年版。

33. 邓正来：《中国法学向何处去——建构"中国法律理想图景"时代的论纲》，商务印书馆 2006 年版。

34. 何家弘编著：《外国犯罪侦查制度》，中国人民大学出版社 1995 年版。

35. 王亚新等：《法律程序运作的实证分析》，法律出版社 2005 年版。

36. 王名扬：《美国行政法》，中国法制出版社 1995 年版。

37. 朱景文主编：《法社会学》，中国人民大学出版社 2005 年版。

38. 郭台辉：《齐格蒙特·鲍曼思想中的个体与政治》，上海人民出版社 2007 年版。

39. 梁治平主编：《法治在中国：制度、话语与实践》，中国政法大学出版社 2002 年版。

40. 曹正汉：《观念如何塑造制度》，上海人民出版社 2005 年版。

41. 于建嵘：《岳村政治——转型时期中国乡村政治结构的变迁》，商务印书馆 2004 年版。

42. 程雷：《秘密侦查比较研究》，中国人民公安大学出版社 2008 年版。

43. 周欣：《侦查权配置问题研究》，中国人民公安大学出版社 2010 年版。

44. 杨郁娟：《侦查模式研究》，中国人民公安大学出版社 2009 年版。

45. 田心则：《刑事诉讼中的国家权力与程序》，中国人民公安大学出版社 2008 年版。

46. 徐美君：《侦查权的运行与控制》，法律出版社 2009 年版。

47. 孙连钟：《刑事强制措施研究》，知识产权出版社 2007 年版。

48. 程雷：《秘密侦查比较研究》，中国人民公安大学出版社 2008 年版。

49. 郝宏奎主编：《侦查论坛》（第一卷），中国人民公安大学出版社 2002 年版。

50. 最高人民检察院法律政策研究室编译：《所有人的正义——英国司法改革报告》，中国检察出版社 2003 年版。

51. 宜伯主编：《预审学》，四川人民出版社 1991 年版。

52. 毕惜茜主编：《预审学理论研究综述》，群众出版社 1998 年版。

53. 曹文安：《预审制度研究》，中国检察出版社 2006 年版。

54. 孙立平:《现代化与社会转型》,北京大学出版社 2005 年版。

55. 陈永生:《侦查程序原理论》,中国人民公安大学出版社 2003 年版。

56. 郭立夫、李北伟主编:《决策理论与方法》,高等教育出版社 2006 年版。

57. 苏国勋、刘小枫主编:《社会理论的诸理论》,上海三联书店、华东师范大学出版社 2005 年版。

58. 刘金国、蒋长山主编:《中国社会转型与法律治理》,中国法制出版社 2007 年版。

59. 张维迎:《信息、信任与法律》,读书·生活·新知三联书店 2003 年版。

60. 高宣扬:《鲁曼社会系统理论与现代性》,中国人民大学出版社 2005 年版。

61. 毛立新:《侦查法治研究》,中国人民公安大学出版社 2008 年版。

62. 王桂五主编:《中华人民共和国检察制度研究》,法律出版社 1991 年版。

63. 罗峰主编:《公安机关刑事法律文书制作与范例》,中国人民公安大学出版社 2003 年版。

64. 刘国祥、崔欣编:《公安机关办理刑事案件程序规定释义与法律文书制作指南》,警官教育出版社 1998 年版。

65. 王学林主编:《公安机关办理刑事案件程序规定释义》,群众出版社 1998 年版。

66. 吕绍忠等:《中外警察法治若干问题比较——和谐警务视阈中的执法规范化建设》,中国人民公安大学出版社 2009 年版。

67. 刘绍武主编:《公安法制业务研究》,群众出版社 2004 年版。

68. 郭松:《中国刑事诉讼运行机制实证研究(四)——审查逮捕制度实证研究》,法律出版社 2011 年版。

69. 马静华:《中国刑事诉讼运行机制实证研究(三)——以侦查到案制度为中心》,法律出版社 2010 年版。

70. 四川省地方志编纂委员会编纂:《四川省志·公安·司法志》,四川人民出版社 1997 年版。

71. 郭晓彬:《刑事侦查学》,群众出版社 2002 年版。

72. 郑戈:《法学是一门社会科学吗?》,载《北大法律评论》(第 1 卷第 1 辑),法律出版社 1998 年版。

73. 刘方权:《侦审合并反思与预审制度的重构》,载《侦查论坛》(第 1 卷),中国人民公安大学出版社 2002 年版。

74. 王亚新:《纠纷、秩序、法治——探寻研究纠纷处理和规范形成的理论框架》,载《清华法律评论》(第 2 辑),清华大学出版社 1999 年版。

二、译著类

1. 〔德〕马克斯·韦伯:《社会科学方法论》,李秋零等译,中国人民大学出版社 1999 年版。

2. 〔德〕尤尔根·哈贝马斯:《交往行为理论》(第一卷),洪佩郁等译,重庆出版社 1994 年版。

3. 〔德〕尤尔根·哈贝马斯:《在事实与规范之间:关于法律和民主法治国的商谈理论》,童世骏译,生活·读书·新知三联书店 2003 年版。

4. 〔德〕K. 茨威格特、H. 克茨:《比较法总论》,潘汉典等译,法律出版社 2003 年版。

5. 〔德〕马克斯·韦伯:《经济与社会》(下卷),林荣远译,商务印书馆 2004 年版。

6. 〔美〕纳德·布莱克:《法律的运作行为》,唐越等译,中国政法大学出版社 1994 年版。

7. 〔美〕丹尼斯·K. 姆贝:《组织中的传播和权力:话语、意识形态和统治》,陈德明等译,中国社会科学出版社 2000 年版。

8. 〔美〕丹尼尔·W. 布罗姆利:《经济利益与经济制度——公共政策的理论基础》,陈郁等译,上海三联书店、上海人民出版社 1996 年版。

9. 〔美〕波斯纳:《法律的经济分析》,蒋兆康译,中国大百科全书出版社 1997 年版。

10. 〔美〕理查德·J. 霍尔登:《现代警察管理》,张鸣等译,中国人民公安大学出版社 1990 年版。

11. 〔美〕约翰·罗尔斯:《正义论》,何怀宏等译,上海译文出版社 1991 年版。

12. 〔美〕戴维·奥斯本、彼德·普拉斯特里克:《摒弃官僚制:政府再造的五项战略》,谭功荣、刘霞译,中国人民大学出版社 2002 版。

13. 〔美〕乔治·瑞泽尔:《当代社会学理论及其古典根源》,杨淑焦译,北京大学出版社 2005 年版。

14. 〔美〕米尔伊安·R. 达玛什卡:《司法和国家权力的多种面孔——比较视野中的法律程序》,郑戈译,中国政法大学出版社 2004 年版。

15. 〔美〕彼得·布劳、马歇尔·梅耶:《现代社会中的科层制》,马戎等译,学林出版社 2001 年版。

16. 〔美〕安东尼·唐斯:《官僚制内幕》,郭小聪等译,中国人民大学出版社 2006 年版。

17. 〔美〕欧文·费斯:《如法所能》,师帅译,中国政法大学出版社 2008 年版。

18. 〔美〕E. 希尔斯:《论传统》,傅铿等译,上海人民出版社 1991 年版。

19. 〔英〕麦高伟、杰弗里·威尔逊主编:《英国刑事司法程序》,姚永吉等译,法律出版社 2003 年版。

20. 〔英〕布赖恩·特纳编:《BLACKWELL 社会理论指南》(第 2 版),李康译,上海人民出版社 2003 年版。

21. 〔英〕丹宁勋爵:《法律的正当程序》,刘庸安译,法律出版社 1999 年版。

22. 〔英〕戴维·毕瑟姆:《官僚制》(第二版),韩志明、张毅译,吉林人民出版社 2005 年版。

23. 〔英〕帕特里克·邓利维、布伦登·奥利里:《国家理论:民主自由的政治学》,欧阳景根等译,浙江人民出版社 2007 年版。

24. 〔英〕麦高伟、杰弗里·威尔逊主编:《英国刑事司法程序》,法律出版社 2002 年版。

25. 〔意〕D. 奈尔肯、〔德〕J. 菲斯特编:《法律移植与法律文化》,高鸿钧等译,清华大学出版社 2006 年版。

26. 〔法〕埃哈尔·费埃德伯格:《权力与规则——组织行为的动力》,张月等译,上海人民出版社 2005 年版。

27. 〔法〕米歇尔·福柯:《规训与惩罚》,刘北成、杨远婴译,生活·读书·新知三联书店 2003 年版。

28. 〔法〕卡斯东·斯特法尼等:《法国刑事诉讼法精义》(上),罗结珍译,中国政法大学出版社 1998 年版。

29.〔法〕米歇尔·克罗齐耶、埃哈尔·费埃德伯格:《行动者与系统——集体行动的政治学》,张月等译,上海人民出版社 2007 年版。

30.〔日〕田口守一:《刑事诉讼法》,刘迪译,法律出版社 2000 年版。

31.〔日〕千叶正士:《法律多元——从日本法律文化迈向一般理论》,强世功等译,中国政法大学出版社 1997 年版。

32.〔日〕松尾浩也:《日本刑事诉讼法》,丁相顺译,中国人民大学出版社 2005 年版。

三、论文类

1. 孟建柱:《深入学习实践科学发展观,做党的忠诚卫士和人民群众的贴心人》,载《求是》2008 年第 21 期。

2. 贾春旺:《检察机关法律监督存在五问题》,载《决策探索》2005 年第 12 期。

3. 左卫民、赵开年:《侦查监督制度的考察与反思——一种基于实证的研究》,载《现代法学》2006 年第 6 期。

4. 左卫民、周洪波:《从合法到非法:刑讯逼供的语境分析》,载《法学》2002 年第 8 期。

5. 左卫民:《侦查中的取保候审——基于实证的功能分析》,载《中外法学》2007 年第 3 期。

6. 左卫民:《刑事诉讼的经济分析》,载《法学研究》2005 年第 4 期。

7. 左卫民:《司法化:中国刑事诉讼修改的当下与未来走向》,载《四川大学学报》(哲学社会科学版)2012 年第 1 期。

8. 陈卫东、李奋飞:《论侦查权的司法控制》,载《政法论坛》(中国政法大学学报)2000 年第 6 期。

9. 陈卫东、郝银钟:《侦检一体化模式研究》,载《法学研究》1999 年第 1 期。

10. 孙长永、高峰:《刑事侦查中的司法令状制度探析》,载《广东社会科学》2006 年第 2 期。

11. 孙长永、高峰:《强制侦查的法律控制与司法审查》,载《现代法学》2005 年第 5 期。

12. 孙长永:《通过中立的司法权力制约侦查权力——建立侦查行为司法

审查制度之管见》,载《环球法律评论》2006 年第 5 期。

13. 孙长永、武小琳:《新〈刑事诉讼法〉实施前后刑事拘留适用的基本情况、变化及完善——基于东、中、西部三个基层法院判决样本的实证研究》,载《甘肃社会科学》2015 年第 1 期。

14. 陈兴良:《限权与分权:刑事法治视野中的警察权》,载《西北政法学院学报》2002 年第 1 期。

15. 龙宗智:《印证与自由心证——我国刑事诉讼证明模式》,载《法学研究》2004 年第 2 期。

16. 龙宗智:《强制侦查司法审查制度的完善》,载《中国法学》2011 年第 6 期。

17. 龙宗智:《新刑事诉讼法实施:半年初判》,载《清华法学》2013 年第 5 期。

18. 马静华:《侦查权力的控制如何实现——以刑事拘留审批制度为例的分析》,载《政法论坛》2009 年第 5 期。

19. 周长军:《语境与困境:侦查程序完善的未竟课题》,载《政法论坛》2012 年第 5 期。

20. 刘计划:《逮捕审查制度的中国模式及其改革》,载《法学研究》2012 年第 2 期。

21. 刘计划:《侦查监督制度的中国模式及其改革》,载《中国法学》2014 年第 1 期。

22. 徐国华、袁园、宋亚坤:《逮捕条件的完善——以审查逮捕案件质量为视角》,载《人民检察》2011 年第 4 期。

23. 黄维智:《业务考评制度与刑事法治》,载《社会科学研究》2006 年第 2 期。

24. 陈涛、李森、闫永黎:《侦查权内部控制实证研究》,载《中国刑事法杂志》2011 年第 6 期。

25. 曹文安、陈茂华、钟明曦:《论公安机关案件审核模式之变革——以实现公安执法规范化建设目标为视角》,载《福建警察学院学报》2009 年第 5 期。

26. 李欣:《从侦审改革困境看侦查监督权力的配置与优化》,载《福建警察学院学报》2011 年第 2 期。

27. 李欣:《侦审体制改革以来我国侦查预审制度的调整与运行状况的考察》,载《北京人民警察学院学报》2009 年第 6 期。

28. 刘国付:《降低逮捕适用率的路径探讨》,载《山西省政法管理干部学院学报》2014 年第 9 期。

29. 刘宁:《浅析侦查中的直觉决策》,载《福建警察学院学报》2013 年第 1 期。

30. 杨郁娟:《论侦查经验决策与侦查科学决策》,载《山东警察学院学报》2010 年第 2 期。

31. 王佳:《刑事错案与辨认》,载《人民检察》2011 年第 14 期。

32. 刘国庆:《实践反对——对〈比较刑事诉讼法〉中部分观点的质疑》,载《西部法学评论》2011 年第 1 期。

33. 云山城:《重构我国预审制度的思考》,载《公安大学学报》1995 年第 5 期。

34. 云山城:《我国〈刑事诉讼法〉中"预审"问题研究》,载《贵州警官职业学院学报》2005 年第 3 期。

35. 韩德明:《侦查与预审关系论纲》,载《江苏公安专科学校学报》1997 年第 4 期。

36. 于树斌:《试论我国预审与侦查的关系——兼论预审在公安机关办理刑事案件中的地位和作用》,载《湖北警官学院学报》2005 年第 6 期。

37. 张月亭、薛宏伟:《预审是侦查活动中的子系统》,载《公安大学学报》1988 年第 2 期。

38. 苗生明:《新时期侦查监督工作特点与定位》,载《检察日报》2013 年 7 月 22 日,第 3 版。

39. 王渤:《预审制度与侦审一体化》,载《北京人民警察学院学报》2001 年第 2 期。

40. 鞠旭远:《关于我国现代刑事侦查体制改革的理性思考》,载《河北法学》2004 年第 11 期。

41. 陈刚、卢新华:《审查逮捕适用标准刍议》,载《人民检察》2006 年第 11 期。

42. 南充市人民检察院课题组:《公安刑事拘留专项检察监督调研分析》,载《西南政法大学学报》2008 年第 6 期。

43. 范柏乃、马焉军:《我国公安警务绩效评价实践及评价体系的构建研究》,载《湘潭大学学报》(哲学社会科学版),2006 年第 7 期。

44. 谢小剑:《我国刑事诉讼相互印证的证明模式》,载《现代法学》2004 年第 6 期。

45. 安瑛:《2000 年以来公安激励研究综述》,载《江苏警官学院学报》2009 年第 1 期。

46. 吴宏耀:《英国逮捕制度的新发展》,载《国家检察官学院学报》2001年第2期。

47. 黄海波:《侦查监督视野中的刑事拘留》,载《中国刑事法杂志》2007年第3期。

48. 李莉:《论我国侦查监督体制的合理构建》,载《法学杂志》2009年第3期。

49. 张平、张明友:《侦查监督权能配置之完善》,载《国家检察官学院学报》2008年第5期。

50. 闵春雷:《刑事侦查程序中司法审查机制的构建》,载《法制与社会发展》2003年第4期。

51. 史晓斌:《论侦查直觉思维》,载《长沙铁道学院学报》2006年第6期。

52. 尹茂国:《侦查阶段的利益冲突》,载《国家检察官学院学报》2009年第6期。

53. 张步文:《刑事侦查权涵义多样性初探》,载《河北法学》2004年第11期。

54. 高一飞、陈海平:《我国侦查权多重制约体系的重构》,载《中国人民公安大学学报》(社会科学版)2007年第1期。

55. 李欣:《侦审体制改革以来我国侦查预审制度的调整与运行状况的考察》,载《北京人民警察学院学报》2009年第6期。

56. 李娜:《公安机关实施新〈刑事诉讼法〉面临的问题与对策》,载《北京警察学院学报》2012年第6期。

57. 宋维彬:《新刑事诉讼法实施中的检察监督》,载《国家检察官学院学报》2013年第1期。

58. 万春:《侦查监督工作贯彻新刑诉法若干问题》,载《国家检察官学院学报》2013年第1期。

59. 刘绍武:《创新执法质量监督机制 科学评估依法行政水平》,载《行政法学研究》2009年第1期。

60. 缪建军:《试论公安机关的案件审核制度》,载《森林公安》2005年第3期。

61. 展万程:《公安机关执法质量考核评价研究综述》,载《公安学刊》(浙江警察学院学报)2012年第2期。

62. 李光辉:《执法环境的变迁与执法质量评价体系的创新》,载《公安研究》2009 第 6 期。

63. 李书芳:《浅议公安执法质量考核评议机制的构建》,载《法制与经济》2011 年第 2 期。

64. 杨付:《公安执法质量建设的管理学思考》,载《公安研究》2008 年第 10 期。

65. 金园园:《强化诉讼程序机制建设　促进侦查监督规范发展——第五届刑事诉讼监督主题研讨会观点述要》,载《人民检察》2014 年第 17 期。

66. 沈德咏:《我们应该如何防范冤假错案》,载《人民法院报》2013 年 5 月 6 日。

67. 阮传胜:《司法绩效考评机制亟待改革》,载《学习时报》2014 年 6 月 3 日。

68. 蒋安杰:《公安法制建设 30 年——迈向法制与公正——专访公安部法制局柯良栋》,载《法制日报》,2008 年 12 月 28 日。

69. 李静睿:《对侦查权进行司法审查是大势所趋——专访中国人民大学诉讼制度与司法改革研究中心主任陈卫东》,载《中国新闻周刊》2011 年第 34 期。

70. 何家弘、廖明:《多元平衡的价值观乃公正执法应有之义——**执法观念二人谈(上篇)**》,载《检察日报》,2004 年 3 月 22 日。

四、外文资料

1. Smith, Bailey and Gunn on The Modern English Legal System, Fouth Edition, London: Sweet&Maxwell, 2002.

2. Police Powers-Search and Seizure in Criminal Law Enforcement, Working Paper30, Minister of Supply and Services Canada, 1983.

图书在版编目(CIP)数据

公安机关刑事案件审核制度实证研究:以侦查权力的控制为视角/唐雪莲著.—北京:北京大学出版社,2015.11
(中国司法改革实证研究丛书)
ISBN 978-7-301-26777-6

Ⅰ.①公… Ⅱ.①唐… Ⅲ.①公安机关—刑事诉讼—诉讼程序—中国 Ⅳ.①D925.204

中国版本图书馆CIP数据核字(2016)第010234号

书　　名	公安机关刑事案件审核制度实证研究
	——以侦查权力的控制为视角
	Gongan Jiguan Xingshi Anjian Shenhe Zhidu Shizheng Yanjiu
	——Yi Zhencha Quanli de Kongzhi wei Shijiao
著作责任者	唐雪莲　著
责任编辑	王丽环
标准书号	ISBN 978-7-301-26777-6
出版发行	北京大学出版社
地　　址	北京市海淀区成府路205号　100871
网　　址	http://www.pup.cn　http://www.yandayuanzhao.com
电子信箱	yandayuanzhao@163.com
新浪微博	@北京大学出版社　@北大出版社燕大元照法律图书
电　　话	邮购部 62752015　发行部 62750672　编辑部 62117788
印　刷　者	北京大学印刷厂
经　销　者	新华书店
	965毫米×1300毫米　16开本　13.5印张　182千字
	2015年11月第1版　2015年11月第1次印刷
定　　价	39.00元

未经许可,不得以任何方式复制或抄袭本书之部分或全部内容。
版权所有,侵权必究
举报电话:010-62752024　电子信箱:fd@pup.pku.edu.cn
图书如有印装质量问题,请与出版部联系,电话:010-62756370